Klaus Mucha

Gewalt

Klaus Mucha

Gewalt

Anthologie psychologischer, philosophischer und politischer Texte

Trainerverlag

Imprint

Cover image: www.ingimage.com

Publisher:
Der Trainerverlag
is a trademark of
Dodo Books Indian Ocean Ltd. and OmniScriptum S.R.L publishing group

120 High Road, East Finchley, London, N2 9ED, United Kingdom
Str. Armeneasca 28/1, office 1, Chisinau MD-2012, Republic of Moldova, Europe
Printed at: see last page
ISBN: 978-620-0-77058-5

Inhaltsverzeichnis

Einleitung

Das Ganze ist mehr als die Summe seiner Teile.

Diese Sammlung von Texten zur Fragestellung der Gewalt enthält meine Beiträge, die zum Teil früher an anderer Stelle veröffentlicht wurden, hier aber in überarbeiteter Fassung, und auch aktuelle, noch nicht veröffentlichte Gedanken.

Gewalt begegnet uns im Leben ganz natürlich in vielfältiger Form.

Sie wird als individuelle Handlung bewusst eingesetzt oder als impulsives Verhalten gezeigt. Es gibt strukturelle Gewalt, die meist von Ausübenden oder dazu Legitimierten mit herrschenden Normen gerechtfertigt wird. Kriege sind die offenkundige Manifestation tödlicher Gewalt auf politischer Ebene.

Ob der Zweck das Mittel Gewalt „heiligt“, muss am Einzelfall beurteilt werden. Es sei denn, man lehnte Notwehr, „unschädliche“ Regelübertretungen oder Attentate gegen Gewaltherrscher und Befreiungskriege ab. Deontologische Ethik als Handlungsmaxime wäre nahezu selbst als gewaltvoll (kategorischer Imperativ) zu klassifizieren.

Gewalt darf nicht als gegeben verharmlosend akzeptiert werden, muss aber auch nicht als ständige Bedrohung dämonisiert werden. Weder gehört sie per se zur Natur des Menschen, noch lauert an jeder Ecke der Säbelzahntiger.

Auf der politischen Makroebene steht hinter Gewalt meist schlicht Macht- und / oder Profitinteresse und nicht irgendein Böses.

Und Brechts Gretchenfrage, aus dem Mund von Mackie Messer im Angesicht des Galgens, "Was ist ein Einbruch in eine Bank gegen die Gründung einer Bank?" (Brecht 1928/1956, 136) zeigt die politisch-moralische Dimension des Themas „Gewalt“ ebenso wie die bewusste Entscheidungsfreiheit, auf Gewalt zu verzichten oder aber gewaltsam zu handeln.

Innerhalb unserer Gesellschaft gibt es Gewalt in vielfältiger Form als Rassismus, als soziale Ungerechtigkeit, als Ausbeutung von Menschen, als unwürdige Arbeits- oder Lernbedingungen, als Mobbing, als psychische und körperlich Gewalt in Beziehungen bis hin zu Femiziden. Die Aufzählung von Beispielen lässt sich leider fortsetzen.

Und trotz dieser Allgegenwart von Gewalt sind wir ihr nicht schicksalhaft ausgeliefert. Auch ist der Gewalt ausübende Mensch nicht ein Schöpfungsfehler Gottes, so wie es Fuchs 8 auch nicht verstehen kann (Saunders 2019, ohne Seitenzahlen).

Der Mensch, wenn er gelernt hat, mitmenschlich, ja sogar mitgeschöpflich, bewusst und eigenständig zu handeln, sollte in der Lage sein, in Frieden zu leben, in Frieden mit der Natur insgesamt, deren integraler Bestandteil er ja selbst ist.

Wenn Menschen sich die Schädel einschlagen bzw. mit Hilfe nicht-intelligenter Künstlicher Intelligenz Vernichtung betreiben und dabei sind, den Planeten, auf dem sie leben, zu verheizen, dann ist das nicht nur eine pandemische Gewalt, sondern eine tödliche Dummheit.

Menschen machen Geschichte – zwischen ökonomischen Gesetzmäßigkeiten und Selbstwirksamkeit

In Anbetracht zerstörerischer Prozesse weltweit wie zum Beispiel kriegerischer Auseinandersetzungen in Europa, Afrika, Amerika, Asien, der planetarischen Zerstörung natürlicher, ökologischer Sinnzusammenhänge und Ressourcen mit den katastrophalen Folgen für unser Klima und den damit wiederum einhergehenden Konsequenzen für Mensch, Tier und Pflanzenwelt, könnte man denken, Destruktivität lenke Geschichte.

Selbstverständlich muss das weltweit dominante Wirtschaftssystem Kapitalismus als destruktive Lebensform der Ausbeutung von Menschen ohne Rücksicht auf Verluste nicht nur als Beispiel für Destruktion hinzugezählt werden (Chomsky & Waterstone 2022), sondern als des Pudels Kern, als treibende Kraft zerstörerischer Prozesse. „Kapitalismus und Militarismus" lautet Kapitel 3 (ebd.) und trifft ins Schwarze dieser siamesischen Zwillinge. Und Ebenso differenziert formulieren Chomsky & Waterstone ihr 4. Kapitel, nämlich „Kapitalismus versus Umwelt", denn Umwelt ist für Kapitalismus ja eher ein Kostenfaktor, aber nichts per se Schützenswertes. Grausame weitere Beispiele wie die sexualisierte Gewalt in Kirchen und anderen Organisationen oder Rassismus, soziale Ungerechtigkeit aufgrund struktureller Gewalt und vieles mehr könnten noch eine lange Reihe von Belegen von Destruktionen liefern. Und selbst die Corona-Pandemie und die damit einhergehende Politik können unter Destruktionsgesichtspunkten betrachtet werden und offenbaren ebenfalls die zugrundeliegenden dialektischen Prozesse zwischen Kapitalismus, Umweltzerstörung und gesundheitlichen Bedrohungen.

Ist Destruktivität am Werk, wenn eine Außenministerin, die ja eigentlich so etwas ist wie die oberste Diplomatin eines Landes, zur Aufrüstungsministerin mutiert? Oder ist es nicht viel mehr ein bedauernswertes Beispiel für Unvernunft, Unwissen, Unvermögen (vgl. Lüders 2022)? Greift da nicht „Lieschen Müller" zu den Mitteln bzw. versucht, ein Problem mit den Mitteln zu lösen, die ihr vertraut sind und nebenbei dazu geeignet scheinen mögen, an Größe, Statur, Profil zu gewinnen, wenn High Heels nicht ausreichen? Es geht also nicht um Destruktivität, sondern um Inkompetenz bzw. das Zurückgreifen auf gelernte Handlungsgewohnheiten, wenn dabei auch Situationsanalyse, Antizipation und Feedbackwahrnehmung zu Wünschen übriglassen. Die psychische Regulation menschlichen Handelns lässt sich so analysieren (Mucha 1984). Wünschenswert wäre bewusstes, eigenständiges Handeln. Im angedeuteten Beispiel lässt die Protagonistin leider sogar verantwortungslos Destruktivität erkennen, wenn sie offenbart, den Kriegsgegner „ruinieren" zu wollen (Baerbock 2022). Sie trägt Verantwortung für ihr destruktives Sprechen (vgl. Cavell 2016, S. 18). Ob Dummheit entschuldbarer wäre als das Vermissenlassen deontologischer Ethik, sei dahingestellt. Das gilt im konkreten Fall für sämtliche Kriegführenden.

Im vorliegenden Beitrag wird „Destruktivität" hinterfragt, einerseits als Begriff, andererseits inhaltlich. Darüber hinaus wird in Frage gestellt, ob/wie ein solches oder andere Konstrukt/e Geschichte lenken kann/können. Als alternative Gegenposition wird, auch im Sinne der Positiven Psychologie, favorisiert, dass Menschen als reflexive Subjekte bewusst und eigenständig handeln und eher von Tätigkeitsmotiven des Gestaltens und des Aufbauens bewegt werden und entsprechend die Geschichte bewegen, sei es auch (vielleicht) „nur" subjektiv. Psychopathologien, wer sie auch wie diagnostiziert, wird es immer geben. Das ist aber keine historisch relevante Fragestellung. Auswege gibt es in jeglicher Hinsicht.

Es wird zerstört. Destruktion ist zu beobachten. Lenkt aber Destruktion die Geschichte? Sie dominiert sie nicht einmal. Genauso wenig wie die Schwarmintelligenz oder der Mainstream die Geschichte „lenkt", kann man aus der Vielzahl destruktiver Beispiele auf deren hegemonialer Relevanz kurzschließen. Nur weil viele Menschen von Kindheit an in der Nase bohren, gibt es keinen Nasebohr-Trieb (vgl. Selg 1973, Selg & Mees 1974).

Spielen nicht Yin und Yang nach ihren Regeln zusammen? Muss Zerstörung zwingend dabei sein? Geht es nicht um Negation der Negation, u.U. auch nur konservativ mit dem gemeinsamen Ziel des System-Erhalts? Und: Geschichte wird von Menschen gemacht, auch nicht-destruktiv. Psychopathologische Destruktivität als relativ überdauernde Tendenz wäre personbezogen behandlungsbedürftig im Sinne ICD F91 und gibt es politisch-historisch als Imperialismus, der höchsten Form des Kapitalismus (siehe „heilige" Kriege, militärische „Friedens"missionen, Umweltzerstörung als Selbst-Destruktion der Menschheit, der Tier- und Planzenwelt und des gesamten Planeten Erde), und wäre entsprechend zu „behandeln".

„Destruktivität"

Zum Begriff „Destruktivität"

Die Substantivierung von destruktivem Verhalten oder destruktivem Handeln verallgemeinert hin zu einer Entität, sei es eine Persönlichkeitsstruktur, ein Fakt, etwas Fixierteres. Die Eskalation einer solchen verhaltensfernen Verallgemeinerung wäre die Personifizierung, Etikettierung eines ganzen Menschen als Destruktive/r, „Conan der Barbar", als Teufel schlechthin oder als Hexe.

Selbst die in Nürnberg vor Gericht gestandenen faschistischen Verbrecher sind zu Recht wegen ihres konkreten Handelns verurteilt worden und nicht wegen ihrer „Destruktivität" oder als Teufel. Sogar diese Verbrecher sind Menschen (vgl. Gilbert 1995), die sich nicht aus der Verantwortung stehlen konnten, sich nicht hinter einem bösen Dritten verstecken konnten. Wie sie wurden, um so zu handeln, steht auf einem anderen Blatt (Welzer 2005), wird aber manifest als „gesellschaftlich integriertes Handeln" (ebd. 37, 63). Auch Mason (2022) setzt sich mit dem Zusammenwirken von

Hitlers „Gesamtplan“ (ebd., S. 45) und der „Eigeninitiative“ (ebd.) Subalterner auseinander.

„Destruktivität“ als Konstrukt(ion)

In der Geschichte der Menschheit gibt es neben Faschisten viele (unvollständig gewählte) Beispiele möglicherweise destruktiver Menschen: Attila der Hunnen-König? Stalin, Hitler, Mao oder auch Xi Jinping? Idi Amin, Pol Pot, P.W. Botha, Osama Bin Laden, mehr oder weniger US-Präsidenten (nur Jimmy Carter hat keinen Krieg geführt), Putin (zumindest 2022). Wer definiert die Kriterien? Was soll denn Destruktivität sein? Wo fängt sie an? Beim Fliegenklatschen oder erst beim „Fidschis-Klatschen“? Wo wird die Grenze gezogen?

Wer entscheidet, was ein „heiliger Krieg“ ist oder eine „militärische Spezialoperation“ und was nicht? Und: Ist der „Heilige“ besser als die „Spezielle“? Können Kriege überhaupt gerechtfertigt werden? Und was ist mit Kriegen im Innern, zum Unterdrücken von Bevölkerung? Hier sind die Kriterien noch diffiziler. Was passiert in der Türkei, in Brasilien, in den USA hinsichtlich Rassismus, bei uns hinsichtlich Armen oder Hausbesetzenden? Ist Staatsgewalt legitim oder doch nur legal (oder umgekehrt?)?

Aber: Selbst diese Beispiele, die dafür stehen könnten, Belege dafür zu sein, „Destruktivität“ lenke möglicherweise Geschichte, erwecken doch nur oberflächlich den Anschein, „destruktiv“ zu sein und/oder Geschichte zu „lenken“.

Geschichte verläuft nicht so schematisch nach Schema F (wie Frontrapporte) oder D (wie Destruktivität). Weder zyklisch sich immer wiederholend wie Jahreszeiten noch schnurgerade vorwärts linear, aber auch nicht disruptiv (wie eine scheinbar wie vom Blitz getroffen „Zeitenwende“) und schon gar nicht plural-narrativ-postmodern-subjektivistisch-beliebig (vgl. Weißbach 2022).

„Die Geschichte aller bisherigen Gesellschaft ist die Geschichte von Klassenkämpfen“, fassen Marx & Engels (1848, 462) die Erkenntnisse ihrer politisch-ökonomischen Analysen zusammen. Der Widerspruch zwischen Kapital und Arbeit ist der grundsätzliche Widerspruch kapitalistisch organisierter Staaten. Aber auch in diesem Widerspruchsverhältnis ist nicht Destruktivität am Werk.

Menschen machen Geschichte!

Es ist nicht irgendein Konstrukt „Destruktivität“ oder ein in Schockreaktion auf den 1. Weltkrieg kreierter „Todestrieb“, der Geschichte lenkt, sondern es sind Menschen, die Geschichte machen, und zwar aufgrund persönlicher Motivationen in Wechselwirkung mit historisch-materiellen Bedingungen.

Auch aktuelle sogenannte „militärische Spezialoperationen“ gehen nicht auf irgendeine Destruktivität zurück, sondern auf historisch-materielle Bedingungen in Wechselwirkung mit individuellen Motivationen.

Menschen kommen nicht mit einem Destruktionstrieb auf die Welt, sondern als reine Seelen (Meng Zi 240 v.Chr.). Da wirken Freuds Schockreaktionen auf den ersten Weltkrieg, den er und die Welt erlebt haben, psycho-logisch verständlich, wenn er einen Destruktionstrieb annimmt, aber geradezu lächerlich in Anbetracht Jahrtausende langer Erfahrungen und Philosophie. Auch die Positive Psychologie (Rogers 1961, Maslow 1971, Seligman 2011) kommt dem wahren Menschen wohl näher, wenn sie vom friedlich-konstruktiven Kern des Menschen ausgeht, den es zu schützen und zu entwickeln gilt. „Die Grundnatur des frei sich vollziehenden menschlichen Seins ist konstruktiv und vertrauenswürdig" (Rogers 1979, 181).

Das Ganze ist mehr als die Summe seiner Teile. Viele nicht-destruktive Menschen können trotz ihrer aufsummierten positiven Energie möglicherweise dominiert werden durch quantitativ weniger Menschen, die destruktive Ziele verfolgen. Das erleben wir in der Geschichte, wenn nämlich unterdrückte Menschen lange Zeit ertragen, unterjocht zu werden, bevor sie sich erheben. Und auch der jahrzehntelange Kampf für Frieden, gegen Atomkraft oder jüngst „for future" zeigen, Geschichte ist ein Ringen um das Durchsetzen von Vernunft, Humanität, soziale Gerechtigkeit etc. gegen herrschende Machtverhältnisse. Meist ist es eine Frage der Gewalt-Macht-Verhältnisse und keine quantitative Frage. Wenn Staatsgewalt legitim angewandt werden darf, dann haben Unterdrückte wenig Chance. Die Repräsentierenden in unserer repräsentativen Demokratie verhelfen ja nicht dem Volk zur Herrschaft (so die Wortbedeutung von Demokratie), sondern benutzen die ihnen verliehene Legitimation für mehr oder weniger destruktive Entscheidungen. Selbst eindeutige Volksentscheide, wie z.B. im Bundesland Berlin für Vergesellschaftung von Immobilienkonzernen, werden mit parlamentarisch-demokratischen Mitteln ausgebremst.

Solche Selbstwirksamkeits-Bewegungen haben dennoch eine große Bedeutung, weil sich zeigt, wie die Machtverhältnisse real beschaffen sind und Lernprozesse stattfinden, um immer wieder und mit größerer Erfahrung in die Speichen der Räder der Geschichte zu greifen.

Wenn Flaßpöhler (2022) fragt, ob „die Geschichte wirklich von Vernunft geleitet" sei und „am Ende alles gut" werde, und damit das Heft „Wohin steuert die Geschichte?" einleitet, dann ist das eine merkwürdige Mischung aus menschlicher Passivität oder gar Nichtverantwortlichkeit einerseits und Zuschreibung von Leitungs- bzw. Steuerungskompetenz an irgendeine übergeordnete Macht bzw. an „die Geschichte" als Eigenständigkeit selbst. Ross und Reiter werden nicht genannt. So, wie der Klimawandel, Kriege, Artensterben, Armut, Hunger etc. von Menschen gemacht sind, so wenig hilfreich sind irgendwelche Konstruktionen wie z.B. Destruktivität oder Unvernunft oder der Teufel.

Geschichte geschieht nicht oder wird von irgend etwas gelenkt, sondern jede/r Einzelne sollte sich ihrer/seiner Verantwortung und Handlungsmöglichkeiten bewusst sein.

“If the button is pushed, there’s no runnin' away”, versuchen Sloan & McGuire 1965 in ihrem Song zu warnen und zugleich aufzufordern, verantwortungsbewusst zu handeln.

Psychopathologien (keine historische Kategorie)

Es gibt selbstverständlich psychopathologisch einzuordnende Beispiele von Destruktion: So sind zumindest Einzeltäter von Amok-Taten so zu klassifizieren, auch narzisstisch-psychopathische Führung erfüllt Kriterien mit Krankheitswert, Sadismus kann eigentlich nur psychopathologisch verstanden werden und auch (sexualisierter) Gewalt wird zumindest bei Häufung oder gewohnheitsmäßigem Ausüben psychopathologisch beurteilt. Destruktive Paarbeziehungen sind verbreiteter als gemeinhin angenommen (Mucha 2020). Es gibt weitere Beispiele.

Das sogenannte „Böse“ (Lorenz 1963, Neiman 2004) ist ein entbehrliches Konstrukt, es sei denn man spräche vom „bösen“ Denken und Handeln. Denn natürlich gibt es destruktives, aggressives Handeln. Und natürlich gibt es auch Menschen, die häufiger ein solches Handeln oder Verhalten zeigen als andere. Es lassen sich auch in politischer Verantwortung stehende Menschen hinsichtlich ihres Gebrauchs gewaltsamer Mittel unterscheiden. Es gelten in verschiedenen Gesellschaften bzw. Kulturen oder auch Staaten, mehr oder weniger unterschiedliche Normen hinsichtlich Gewalt (nach innen und nach außen).

Auswege

Wege entstehen, wenn man sie geht. Man muss also gehen, um Spuren zu hinterlassen, d.h. um Geschichte zu schreiben. Und das müssen nicht Geschichtsgrößen sein wie Martin Luther oder Martin Luther-King, Rosa Luxemburg, Nelson Mandela, Gandhi, Rudi Dutschke, Greta Thunberg oder andere große Frauen und Männer, sondern das können auch Menschen in der Nachbarschaft, am Arbeitsplatz oder in der Familie sein (Mucha 1992), von denen noch spätere Generationen sprechen oder an die noch gedacht wird, weil sie Wege gegangen sind oder geebnet haben, Spuren hinterlassen haben. Das müssen keine Flüge zum Monde sein und schon gar keine Beton-Autobahnen oder andere Beton-Wüsten, sondern das können schmale Trampelpfade sein, die einen gemütlichen Weg anbieten, der gerne als Einladung angenommen wird.

Diese konstruktiven Gestalten sind es, die wie leiser Schnee eine Landschaft verwandeln.

Es müssen auch keine großen Strategen sein, die 5-Jahres-Pläne machen o.ä. Es kommt manchmal darauf an, den Tag zu nutzen (Carpe Diem), zu erkennen, dass der Zeitpunkt gekommen ist, reif ist (den Kairos nicht verstreichen lassen). Mein vor Ort

Miterleben der Spätphase der Nelkenrevolution in Portugal ist mein Lieblingsbeispiel (Mucha 2013).

Wenn Geschichtsphilosophie herausarbeiten will, wie Geschichte verläuft, besser: Unter welchen Bedingungen historische Prozesse sich wie entwickeln, und zwar gesellschaftlich, politisch, kulturell, dann bedarf es mehr als monokausaler (Destruktivität lenkt) oder mechanistischer (linear, zyklisch) oder agnostizistischer (disruptiv, postmodern-beliebig) Erklärungsversuche.

Unvernunft scheint mir zutreffender zu sein als Erklärung gewisser geschichtlicher Prozesse oder Ereignisse als die Annahme von Destruktivität, wobei ich Unvernunft nicht als übermächtige Kraft irgendeines mystischen Designers verstehe, sondern als individuelles oder auch kollektives Unvermögen.

Tingyang (2022) sieht Auswüchse der Offenheit sogenannter liberaler Demokratie hin zur „Publikratie" und kennzeichnet sie als „trojanisches Pferd der Unvernunft. Mit Publikratie meine ich eine demokratische Verzerrung oder einen Missbrauch von Demokratie" (ebd., 57). An anderer Stelle habe ich mich mit falsch verstandener Offenheit auseinandergesetzt, die oft inhaltsleer heiliggesprochen wird (Mucha 2021).

Nicht mehr der öffentliche Gebrauch von Vernunft (vgl. auch Kant) sei vorherrschend, sondern Publikratie fördere „vorgefertigte Meinungen und eine kollektive Irrationalität, die den öffentlichen Raum beherrscht" (Tingyang 2022, 57). Publikratie sei zu einem „Markt der Meinungen" geworden, auf dem sich die verführerischsten Vorurteile, Ideologien, Gerüchte und Lügen durchsetzten (ebd.).

In der heutigen Zeit der fake news, deepfakes etc., in der sich Komiker einen joke daraus machen, Bürgermeister*innen europäischer Hauptstädte für dumm zu verkaufen und nebenbei Vertrauen zu zerstören, ist es um so notwendiger sich auf das Leitmotto der Aufklärung zu besinnen: "Sapere aude" (Habe Mut, dich deines eigenen Verstandes zu bedienen).

„Der Anspruch der Vernunft" (Cavell 2016) sollte es doch sein, die Welt nicht irgendwelchen Schwarmintelligenzen, dem Mainstream oder populistischen Rattenfänger*innen zu überlassen, sondern die Welt vor Destruktion zu retten. Das heißt: Als Philosophen sollten wir die Welt nicht nur verschieden interpretieren, sondern es kommt darauf an, sie konstruktiv, nachhaltig zu verändern (vgl. Marx 1845). Denn wer will, dass die Welt so bleibt, wie sie ist mit all ihren destruktiven Prozessen, der will nicht, dass sie bleibt, sondern setzt sie aufs Spiel (vgl. Fried 1981). Engagement ist erforderlich, um Destruktionen zu stoppen und der Weltgeschichte immer wieder konstruktive Perspektiven zu geben.

Allerdings: „Der herrschende gesunde Menschenverstand", dem widmen Chomsky & Waterstone (2022) ihr ganzes Kapitel 2, ist natürlich nicht reine Vernunft, sondern wird von den Autoren als „kapitalistischer Realismus" (ebd.) bezeichnet.

Aber dennoch: Wir Menschen haben es in der Hand unseren Planeten zu zerstören oder zu schützen. Wir werden nicht durch irgendeine destruktive Macht gesteuert, sondern wir selbst handeln bewusst eigenständig und lenken Geschichte.

Anstelle der Annahme, Destruktivität könne Geschichte lenken, favorisiere ich das Konzept, Menschen machen Geschichte nach bestem Wissen und Gewissen (Mucha 2023). Viele Bemühungen in bester Absicht führen im Ergebnis möglicherweise nicht zum Erfolg, ja wirken im ungünstigsten Fall zerstörend. Manche gut gemeinten Handlungen stellen sich als Fehlentscheidungen heraus, ohne die Handlungskonsequenzen von vornherein mitbedacht zu haben oder gar in Kauf genommen zu haben. Es geht oft um Unzulänglichkeiten, Fahrlässigkeit, Unwissen, Inkompetenz. Aus Krisenerscheinungen der Welt auf Destruktivität als zugrundeliegender Triebkraft zu schließen, unterstellte individuell oder global vorsätzlich diese negative Energie und Macht und würde menschlichen Unzulänglichkeiten nicht gerecht, die uns einerseits von dämonischen Kräften und auch von androiden Maschinen unterscheiden (Mucha 2020a). Ich spreche mich also gegen Destruktivität als Erklärung von Geschichte aus und denke positiv, bleibe zuversichtlich. So wie Adam und Eva aus persönlichen Schwächen heraus das Paradies verlassen mussten, also selbst verantwortlich für ihr Handeln mit allen Konsequenzen waren, so wird Geschichte gemacht. Wenn der 1971 wegen seiner Aussöhnungspolitik zwischen Ost und West zurecht mit dem Friedensnobelpreis ausgezeichnete Willy Brandt kurz zuvor noch 1969 in seiner Regierungserklärung „Mehr Demokratie wagen" angekündigt hatte, dann aber ab 1972 Existenzen und Leben zerstört hat mit dem sogenannten Radikalenerlass, wird man ihm im Nachhinein nicht Destruktivität attribuieren, sehr wohl aber unbedachte und widersprüchliche Fehlentscheidung, was er in späteren Jahren wohl auch eingeräumt haben soll.

Es ist also eine grobe Vereinfachung, vergleichbar mit selektiver Wahrnehmung, wollte man den Lauf der Geschichte mit Destruktivität charakterisieren. Im Gegenteil: Menschen bemühen sich, die Welt-Geschichte zu gestalten, gehen dabei aber mehr oder weniger ungeschickt vor. Und: Hinterher ist man/frau leider nicht immer klüger.

Menschen handeln gewaltsam oder nicht

Soziales Handeln ist bewusst eigenständig selbstregulierbar. In zahlreichen Veröffentlichungen habe ich, aufbauend auf meinen Untersuchungen (Mucha 1984), dazu Vorträge gehalten und veröffentlicht (siehe Literaturliste).

Menschen entscheiden sich bewusst für oder gegen gewaltsames Handeln, sind nicht Spielball ihrer Emotionen oder gar ihren Trieben ausgeliefert. Selbstverständlich gibt es mehr oder weniger impulsive Handlungen oder Handlungen im Affekt. Das sind aber Ausnahmen von der Regel und nicht umgekehrt. Geschürt durch Massenmedien, sowohl Nachrichtensendungen bzw. -blätter oder sogenannte „soziale" Medien, mag leider der Eindruck verbreitet werden, es gebe nur Mord und Todschlag (auch die unendliche Flut von Krimi-Serien verzerrt den Eindruck ebenfalls). Fakt ist jedoch, dass Menschen allgemein friedlich miteinander umgehen.

An dieser Stelle erfolgt eine angepasste Fassung des Vortrags auf dem 1. Internationalen Kongress zur Tätigkeitstheorie 1986 in der Hochschule der Künste Berlin (Mucha 1988). Dieser Beitrag steht exemplarisch für psychische Regulation menschliches Handelns, untersucht an Kindern, übertragbar auf Erwachsene, verdeutlichend, dass Handeln und Persönlichkeit sich entwickeln, erklärbar und veränderbar sind. Und das gilt auch für gewaltsames oder friedliches Handeln.

Handlung, Reflexion, Persönlichkeit

Der Gegenstand der Psychologie ist der Mensch und dessen bewusste Auseinandersetzung mit der Welt, die er absichtsvoll verändert und zweckdienlich herstellt, wobei er sich selbst verändert, nämlich zur eigenständig handelnden Persönlichkeit entwickelt, die überlegt Ziele setzt und anstrebt.

Diese zielgerichteten, willensgesteuerten, bewusst(seinsfähig)en Handlungen als Untereinheiten von Tätigkeiten sind es, um die es geht, wenn von „Bösem", von Gewalt und auch von friedlichen Handlungen die Rede ist. Und all das ist nichts Dämonisches, Mysteriöses, sondern wissenschaftlich untersuchbar. Auch Triebe sind nicht erforderlich, um Handlungen zu erforschen, zu erklären und zu verändern.

Es wird hier von der theoriegeleiteten empirischen Entwicklung und Erprobung eines methodischen Vorgehens berichtet, mit dem Persönlichkeit(sentwicklung) als (Entwicklung der Qualität) psychischer Regulation sozialen Handelns erfasst werden kann.

Diagnose- oder Therapieinstrumente sind im Spannungsfeld von Theorie und Empirie zu entwickeln. Sie lassen sich nicht simpel aus der Theorie deduzieren (so Rückriem 1986, 17). Und man kann auch nicht von seinen Patient*innen auf der Couch in Wien oder Berlin mal eben die Welt oder die Menschheit erklären, wenn es einem auch Freud' macht. Zum Treatment-Aspekt habe ich an anderer Stelle (Mucha 1984, 217ff) Ausführungen gemacht.

Hier geht es um Persönlichkeit(sentwicklung), deren Erfassung und Förderung.

1. Persönlichkeitsentwicklung und Handlungsregulation

A. N. Leontjew (1977) unterscheidet zwei Aspekte der Persönlichkeitsentwicklung. Die in vertikaler Richtung „besteht in einer Veränderung der Bezüge zwischen Motiven: eine Gruppe von Motiven erwirbt die Möglichkeit, sich andere Motive unterzuordnen" (ebd. 94). Dieser wichtige Hierarchisierungsprozess der Motive wird von mir in der zugrundeliegenden Untersuchung nicht bearbeitet wegen der relativen Unzugänglichkeit zu unbewussten Motiven der Tätigkeit bei Kindern im Vorschulalter (die an der empirischen Untersuchung teilnahmen).

Hier wird die Persönlichkeitsentwicklung auf der horizontalen Ebene, also die Entwicklung der Qualität der Handlungsregulation, untersucht.

Kossakowski (1980, 29) bezeichnet die „Analyse psychischer Komponenten der Handlungsregulation ... als Analyse psychischer Komponenten der Persönlichkeit", nachdem er (1972, 15) Persönlichkeitsentwicklung definiert als „Entwicklung psychischer Komponenten zur zunehmend eigenständigen Handlungsregulation".

Kossakowski & Otto (1977, 38f) unterscheiden drei Niveaustufen der Handlung/Tätigkeit, worin sich auch das Ziel der sukzessiven Überführung äußerer Regulation in Selbstregulation widerspiegelt (Kossakowski 1972, 24):

1. Gelenkt-reproduktives Handeln: Handlungsziel, -schritte, -begründungen werden vorgegeben, Handlungsausführung wird von außen gelenkt und kontrolliert;
2. Reproduktiv-selbständiges Handeln: begrenzte Selbstregulation;
3. Schöpferisch-selbständiges Handeln.

Selbständige und schöpferische, aktiv (selbst-)verändernde Tätigkeit gibt sich nach Kossakowski & Otto (1977, 29) nicht mit erreichten Zielen zufrieden und sucht nicht lediglich Spannungsausgleich, sondern setzt neue Handlungsziele, produziert neue Widersprüche und drängt auf deren Lösung.

Persönlichkeitsentwicklung erschöpft sich nicht in gegenständlich-dingliche Bedürfnisse befriedigende Tätigkeit, sondern „Die Entwicklung der Persönlichkeit setzt eine Verlagerung der Bedürfnisse auf das *Schaffen* voraus", schreibt A. N. Leontjew (1977, 103). Die Nähe zur Auffassung von Kossakowski & Otto ist augenscheinlich.

„Spezifisch für den Menschen ist die Fähigkeit, willkürlich, einem bewusst gesteckten Ziel entsprechend zu handeln. Diese Fähigkeit ist dem Menschen bei der Geburt nicht in fertiger Form gegeben; sie formt und entwickelt sich im Laufe der Kindheit unter dem Einfluss der Lebens- und Erziehungsbedingungen. Das Kind befreit sich erst allmählich von dem unmittelbaren Einfluss wahrgenommener Umstände und steckt sich bewusst Fernziele" führt Newerowitsch (1971, 183) aus und zitiert (ebd.) Setschenow (1947, 268): „Der Mensch emanzipiert sich nach und nach in seinen Handlungen von den unmittelbaren Einflüssen der materiellen Umwelt".

Persönlichkeitsentwicklung bedeutet Entwicklung von Handlungssouveränität, Selbstverwirklichung, Emanzipation von Umweltreizen. Eher in Wechselwirkung zur Motiv-Ebene (siehe Abb. 1) und nicht hamsterradähnlich auf Reize reagierend.

Wie bereits deutlich wurde lehnt sich das zugrundeliegende hypothetische Modell der eigenständigen Handlungsregulation an Kossakowski et al. an. Handlungen werden durch innere Abbilder auf der Grundlage von Zielen hierarchisch-sequenziell reguliert, wobei die Regulationsebenen-Hierarchie von sensomotorisch über perzeptiv-begrifflich bis intellektuell reicht. Semmer & Frese (1979, 129) setzen noch die „Ebene des abstrakten Denkens" oben drauf. Der sequenzielle Handlungsverlauf wird in die Phasen vor, während und nach der Handlungsausführung eingeteilt.

Während des Handlungsverlaufs wirken vier miteinander in Wechselbeziehung stehende komplexe Funktionseinheiten der Handlungsregulation:

1. Die Handlungsorientierungsregulation, die mit Hilfe Operativer-Abbild-Systeme in der Vorbereitungsphase die antizipierende Orientierung zu leisten hat. Dazu gehören die Situationsanalyse, das Bestimmen des Handlungsziels und das Entwerfen des Handlungsprogramms zum Zielerreichen. Im O-A-S sind somit perzeptive, antizipative und operative Anteile enthalten (Hacker 1973, A. N. Leontjew 1973b, Stadler & Seeger 1978, Semmer & Frese 1979, Volpert 1979, Kossakowski 1980).
2. Die Handlungsantriebsregulation, die nach Kossakowski (1980, 50f) und Köppler (1978, 69ff) als Wechselwirkung zwischen Aktuellem und Habituellem und als Wechselwirkung zwischen Objektivem und Subjektivem zu konzeptualisieren ist, wobei Wechselwirkungen nicht nur zwischen den beiden jeweiligen Begriffspaarlingen stattfinden, sondern auch über Kreuz (s. Abb. 2).

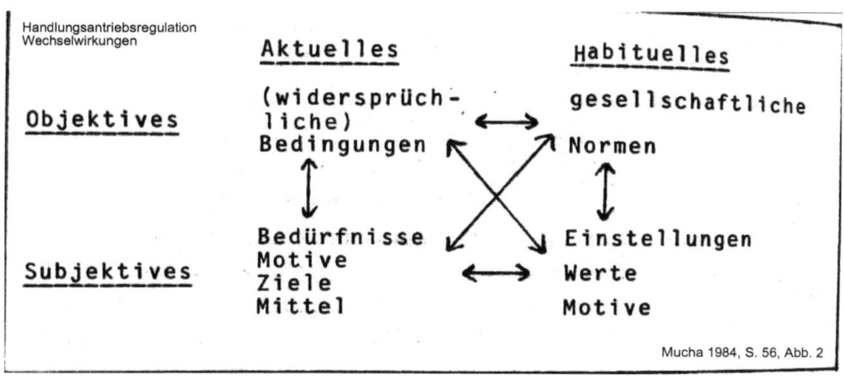

Abb. 2

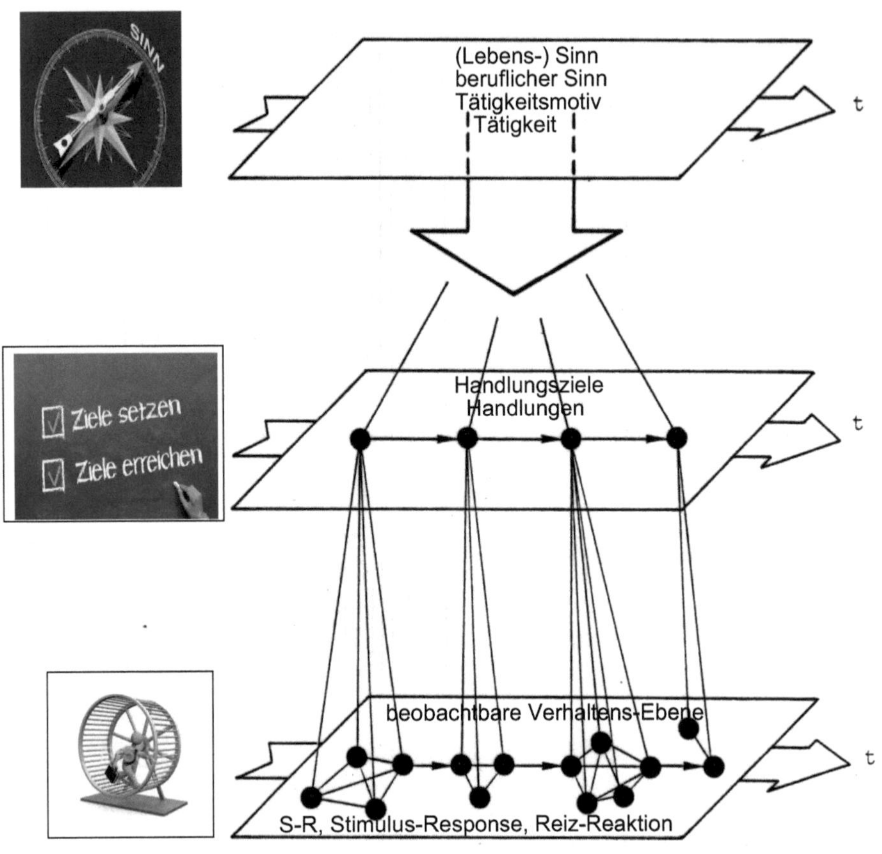

Abbildung 2: Das Hierarchiemodell
AE: Analyse-Ebene
t: Zeit

modifiziert: Dr. Mucha

(Quelle: Kalbermatten & Cranach, 1981)

Abb. 1

3. Die Handlungsausführungsregulation, die für die beobachtbare zielgerichtete Handlungsausführung verantwortlich ist.
4. Die Handlungskontrollregulation, die während der Vorbereitungsphase als konzeptionelle, während der Realisierungsphase als operative und zum Abschluss als resultative Kontrolle wirkt.

Persönlichkeit kommt also auch durch die Qualität der Handlungsregulation zum Ausdruck.

Wie handlungsregulatorische Prozesse untersucht werden können, um Persönlichkeit zu erfassen, wird jetzt ausgeführt, immer mit der Motivation, deutlich zu machen, dass soziales Handeln eigenständig regulierbar ist und nicht Gott oder Trieb gegeben.

2. Interaktiv-produktive Tätigkeit

„Nicht 'Bewußtseinserscheinung' und nicht behavioristisch interpretiertes 'Verhalten' – nicht 'Bewußtsein ohne Tätigkeit' und nicht 'Tätigkeit ohne Bewußtsein', wie Rubinstein es gern ausdrückte -, sondern 'bewußte, äußere, gegenständliche Tätigkeit' muß zum Ausgangspunkt der psychologischen Forschung werden" (Galperin 1980, 179).

„Diese als 'gegenständlich' bezeichnete bewußte Tätigkeit erschöpft sich nicht im mündlichen Verkehr, sondern ist vor allem wirkliche, produktive Tätigkeit, eine Tätigkeit, die tatsächlich etwas vollbringt, mit deren Hilfe das Ausgangsmaterial zweckmäßig in ein zuvor skizziertes Produkt umgewandelt wird. Indem eine solche Tätigkeit das Milieu ändert, zwingt sie auch das handelnde Subjekt selbst zur Änderung. Die unumstößlichen Tatsachen, das heißt das, was in der zielgerichteten Umgestaltung der Dinge möglich ist und was nicht, werden im Bewußtsein widergespiegelt und bestimmen die psychische Tätigkeit. Dadurch wird die äußere, die gegenständliche, die bewußte Tätigkeit zur echten Grundlage der psychischen Entwicklung (ebd., 178).

Auch Muchina hebt die Bedeutung interaktiv-produktiver Tätigkeiten hervor:

„Für die psychische Entwicklung des Vorschulkindes gewinnt neben dem Spiel die *produktive Tätigkeit* wie Zeichnen, Modellieren, Klebearbeiten und Konstruieren eine wesentliche Bedeutung. Jede dieser Tätigkeiten ist gerichtet, es geht stets um die Herstellung eines bestimmten Produkts" (Muchina 1977, 61).

„Die Entwicklung des emotional-volitiven Bereichs und der Persönlichkeitseigenschaften" geht durch „aktive Wechselbeziehungen zu seinen Altersgefährten" und produktive Tätigkeit voran (ebd., 69ff).

Muchina (1977, 72) verweist auf die Fähigkeit zum Einschätzen eigenen Verhaltens und die des bewussten Wahrnehmens eigener innerer Vorgänge als Grundstufe zu Selbst-Bewusstsein, das das Individuum in eine eigenständige Persönlichkeit verwandele. Ulmann (1979) äußert sich weniger zu Vorgängen der Selbstreflexion, sondern hebt Aspekte des Zielverfolgens hervor: Ein Kind müsse „lernen, ein brauchbares Ergebnis zu antizipieren, dieses zum Motiv seiner Handlung machen zu können“ (ebd., 30).

Ich sehe im sozialen Handeln als intentional auf Ziele und gleichzeitig auf Subjekte bezogenes Handeln (Geulen 1982) – in Anlehnung an Engels (1876), Kossakowski (1980 und A. N. Leontjew (1980) – insbesondere in der interaktiv-produktiven Tätigkeit (Beziehung Subjekt-Tätigkeit-Gegenstand, die die Beziehung Subjekt-Subjekt einschließt) die beiden entscheidenden (diagnostisch) zusammen zu betrachtenden Seiten im aufgeschlagenen Buch der (kindlichen) Psyche. Interaktiv-produktive Tätigkeit verlangt von den handelnden Subjekten eine durch die interpersonellen Prozesse vermittelte Auseinandersetzung mit der materiellen Welt, andererseits stellt sich die Subjekt-Subjekt-Beziehung durch die Auseinandersetzung mit der Sachwelt vermittelt dar. Die sozial-kommunikativen und die materiell-handlungszielorientierten Aspekte der Handlungsregulation durchdringen einander. In dieser interaktiv-produktiven Tätigkeit lässt sich die Regulation bewusster, zielgerichteter, interpersoneller Interaktionshandlungen zwischen Kindern am prägnantesten erfassen.

Zum Vervollständigen der Handlungsregulationstheorie wurde also die Regulation der die konkrete (produktive) Tätigkeit realisierenden (Interaktions-)Handlungen analysiert (Mucha 1984), um einer handlungspsychologischen Bestimmung des Niveaus der Persönlichkeitsentwicklung bzw. handlungspsychologischen Grundlegung gezielter Erziehung / Förderung der Persönlichkeitsentwicklung ein Stück näher zu kommen.

In der **Untersuchungsstrategie** (situatives Arrangement, Erhebungs- und Analyseverfahren) spiegelt sich das im Menschenbild und der daraus abgeleiteten Theorie der Persönlichkeitsentwicklung und dem darin eingebetteten Modell eigenständiger Handlungsregulation zentrale Prinzip der Einheit von Bewusstsein und Tätigkeit wider: Konkretes Handeln in Interaktionen und handlungsbezogene Kognitionen, d.h. Reflexion über das jeweils eigene Handeln und das des/der gleichberechtigten Interaktionspartner*in, werden untersucht. Verhaltens- und verbale Daten werden periaktional im aktuellen gemeinsamen Handlungsprozess von beiden Interaktionspartner*innen erhoben und integriert analysiert (Handlungsanalyse).

27 Kinder von 4;0 Jahren bis 5;1 Jahren wurden in ihren Kindertagesstätten untersucht. Jedes Kind hatte vier verschiedene dyadische Situationen mit verschiedenen Interaktionspartner*innen zu bewältigen.

Als grundlegende situative Bedingung trafen die Kinder in ihren Interaktionen auf Handlungsschwierigkeiten, denn in den sechs Anforderungssituationen verlangten die objektiven Bedingungen (Anzahl des Arbeits-/Spielmaterials) von den Kindern die kognitive Beschäftigung mit dem/der Interaktionspartner*in und dessen/deren Handlungszielen, -mitteln etc. Es handelte sich um das Filzstift-, Feuerwehrauto-, Klebearbeits-, Malbogen-, Arbeitsteilungs- und Lego-Problem, das jeweils einen angemessenen Akzent auf produktiver Tätigkeit hatte. Insgesamt wurden so die jeweiligen Vorzüge von Arbeit und Spiel zu nutzen versucht.

Will man die **Qualität der Handlungsregulation erfassen**, ist es notwendig, das äußere, beobachtbare Geschehen und die darauf bezogenen Verbalisierungen als Ausdruck begleitender Kognitionen und Emotionen zu erfassen und zu analysieren. Um diesem Anspruch gerecht zu werden, wurde jede Situation in fünf diagnostische Abschnitte gegliedert:

1. Vorgespräch (VG)
2. Erste Handlungsphase (VB1)
3. Pausenbefragung (PB)
4. Zweite Handlungsphase (VB2) und
5. Abschlussgespräch (AB).

In jedem Abschnitt wurden von jedem der miteinander interagierenden Kinder Daten erhoben (verbale Interview-Daten und systematische Beobachtungsdaten). Die vertrauensvolle Beziehung der Versuchsleiter*in/Gesprächspartner*in zu den Kindern war Grundvoraussetzung für die relativ natürliche, leitfadenorientierte Befragung vor, zwischen und nach den Handlungsphasen. Die drei Gespräche und beiden Handlungsausführungsphasen je Situation wurden auf Ton- bzw. Videoband aufgenommen, die Bänder später transkribiert und die sich ergebenden Texte schließlich mit Hilfe definierter Kategorien zum Erfassen der Qualität der Handlungsregulation qualitativ analysiert. Insbesondere die qualitativen Ausprägungsgrade der Reflexions-/Retrospektions-Kategorien ließen sich nur mit Wissen des Geschehens in den Handlungsausführungsphasen bestimmen. Handlungsanalyse ist mehr als Verhaltensbeobachtung plus Interview (ausführlichere Darstellung der Analyse-Kategorien und deren Anwendung in Mucha 1985).

Zum Erleichtern des Textverstehens und entsprechender Abbildungen werden hier die Bedeutungen relevanter Kategorien-Abkürzungen genannt:

- HZH heißt Handlungsziel-/Zielhandlungs-Orientierung
- SIT heißt Situationsanalyse
- IPB heißt Interaktionspartner*in-Bezug
- KOA heißt Konfliktantizipation
- KLÜ heißt Konfliktlösungsüberlegungen
- FBV heißt Feedbackverarbeitung
- ZHA heißt Zielhandlungsausführung
- IVB heißt Interaktionspartner*in-Bezug in der Handlungsausführung
- KLH heißt Konfliktlösungshandlung

- KLP heißt Konfliktlösungsplanmäßigkeit
- BAR heißt Handlungsbarriere
- FBW heißt Feedbackwahrnehmung
- HEK heißt Handlungserklärung der eigenen Handlung
- IHE heißt Erklärung der Interaktionspartner*in-Handlung.

3. Intraindividuelle Veränderungen der Handlungsregulation als aktualgenetische Entwicklung aufgrund bewusst handelnder Auseinandersetzung mit der sozialen und materiellen Welt

Es werden jetzt Veränderungen der Handlungsregulation als aktualgenetische Entwicklung aufgrund von Handlungen berichtet, wobei intraindividuelle Veränderungen und (siehe 5.) interindividuelle Unterschiede in den intraindividuellen Veränderungen der psychischen Handlungsregulation erwähnt werden.

Die entwicklungsfördernde Bedeutung der Erfahrung von Handlungsschwierigkeiten für Kognition und Handlung lässt sich mit Hilfe von Kreuztabellen konkret veranschaulichen (Mucha 1988, Tab. 23, 24, 25).

Wenn man den VB1BAR-Werten 1-4 (keine Handlungsschwierigkeiten) die VB1BAR-Werte 5-8 (Handlungsschwierigkeiten) gegenüberstellt (M-W U-Test), findet man in den ersten Handlungsphasen die erwarteten Unterschiede (ebd., Tab. 21), nämlich: Bei fehlenden Handlungsschwierigkeiten auch bessere Zielhandlungsausführung, Konfliktlösungshandlung und Konfliktlösungsplanmäßigkeit. In den zweiten Handlungsphasen sind diese Unterschiede alle, einschließlich derjenigen hinsichtlich VB2BAR, nicht mehr vorhanden, d.h. handlungsmäßig findet hier eine völlige Annäherung statt. Die nichtsignifikanten Unterschiede in den Konfliktantizipationen ändern ihren Trend: Während in den ersten Antizipationsphasen diejenigen, die in den ersten Handlungsphasen Handlungsschwierigkeiten haben, weniger gründliche Konfliktantizipationen anstellen als diejenigen, die in den ersten Handlungsphasen keine Handlungsschwierigkeiten haben, sind in den zweiten Antizipationsphasen die Konfliktantizipationen derjenigen, die in den ersten Handlungsphasen Handlungsschwierigkeiten erfahren haben, besser als die Konfliktantizipationen derjenigen, die diese Handlungserfahrung nicht gemacht haben.

Es findet also eine kognitive und handlungsmäßige Annäherung der Qualität der Handlungsregulation aufgrund von Handlungserfahrung statt.

Die festgestellte kognitive Annäherung aufgrund von Handlungserfahrung wird in Tab. 23 und 24 einerseits deutlich als trendmäßige Verschlechterung der Konfliktantizipation nach fehlender Handlungsschwierigkeit (Anteil ungenügender Konfliktantizipation steigt um 22,3 % von 30,5 % auf 37,3 %) und andererseits als trendmäßige Verbesserung der Konfliktantizipation nach Handlungsschwierigkeiten (Anteil ungenügender Konfliktantizipation sinkt um 24% von 36,2 % auf 27,7 %). 62,9 % der ungenügenden Konfliktantizipationen vor den zweiten Handlungsphasen gehen keine Handlungsschwierigkeiten in den ersten Handlungsphasen voraus (Tab. 24).

Die exakte handlungsmäßige Annäherung aufgrund von Handlungserfahrung kann aus der entsprechenden Kreuztabelle 25 abgelesen werden (Mucha 1988, 206).

Aus jener Tabelle wird ebenfalls deutlich, dass sich die Annäherung zusammensetzt aus trendmäßigem Anstieg der Handlungsschwierigkeiten in der zweiten Handlungsphase nach fehlender Handlungsschwierigkeit in der ersten Handlungsphase und trendmäßiger Abnahme der Handlungsschwierigkeiten in den zweiten Handlungsphasen nach Handlungsschwierigkeiten in der ersten Handlungsphase. Das heißt: Von denjenigen, die in der ersten Handlungsphase keine Handlungsschwierigkeiten hatten, haben in der zweiten Handlungsphase 40,7 % Handlungsschwierigkeiten, während von denjenigen, die in der ersten Handlungsphase Handlungsschwierigkeiten hatten, in der zweiten Handlungsphase nur noch 57,4 % Handlungsschwierigkeiten haben.

4. Entwicklungsfördernde Bedeutung der Erfahrung von Handlungsschwierigkeiten bei ausgewählten Konfliktlösungshandlungen

Die Entwicklung fördernde Bedeutung der Erfahrung von Handlungsschwierigkeiten für Kognition und Handlung, die Wechselwirkungen zwischen Konfliktantizipation und Handlung(serfahrung) lassen sich anhand der Ergebnisse nachvollziehen (Abb. 20).

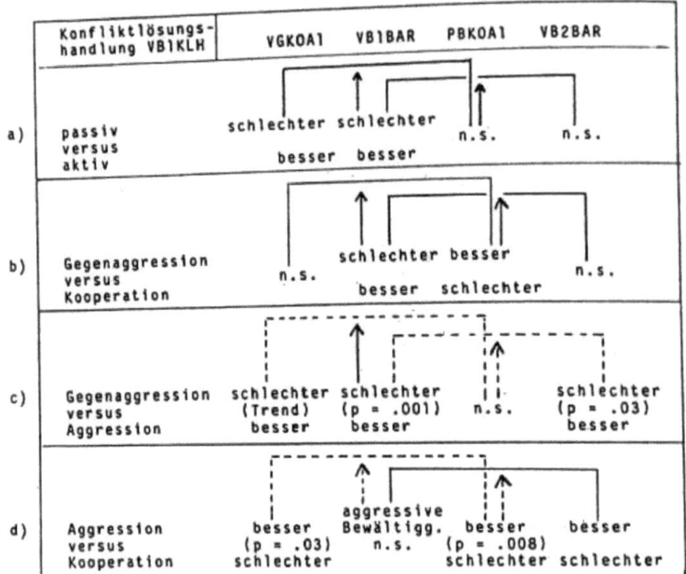

Abb.20: Wechselwirkungen zwischen der Erfahrung von Handlungsschwierigkeiten und der Antizipation von Handlungsschwierigkeiten.(Verbindungslinien, auf die Pfeile treffen , bedeuten Entwicklungsprozesse. Pfeile bedeuten: fördernder Einfluß, "besser" bzw. "schlechter" bedeutet: Die Konfliktlösungshandlung in der Zeile der Abbildung geht einher mit besserer bzw. schlechterer Oualität in dem jeweiligen Aspekt der Handlungsregulation (KOA1 oder BAR) im Vergleich zur gegenübergestellten Konflikthandlung).

a) Während vor aktiven Konfliktlösungshandlungen gründlichere Konfliktantizipation als vor passiven Konfliktlösungshandlungen erfolgt (Mucha 1984, Tab. 17), ist dieser Unterschied in den zweiten Antizipationsphasen nicht mehr festzustellen.

   Diese Annäherung in der Qualität der Konfliktantizipation könnte durch die Handlungserfahrung der ersten Handlungsphase zustande kommen, und zwar in der Art, dass die Erfahrung von Handlungsschwierigkeiten bei passiver Konfliktlösungshandlung (signifikant schlechtere VB1BAR-Werte als bei aktiver Konfliktlösungshandlung) einerseits zu verbesserter Konfliktantizipation in der folgenden Antizipationsphase führt, wodurch andererseits in der folgenden Handlungsphase keine Unterschiede mehr in den VB2BAR-Werten zwischen den ursprünglich aktiven und passiven Konfliktlösungshandlungen feststellbar sind.

b) Beim Vergleich von Kooperation und Gegenaggression taucht nach der ersten Handlungsphase (VB1BAR-Werte sind bei Gegenaggression schlechter als bei Kooperation; Mucha 1984, Tab. 19) ein Unterschied in der Konfliktantizipation zugunsten der Gegenaggression auf, während in der ersten Antizipationsphase kein Unterschied bestand. Dieser Qualitätsvorsprung in der Konfliktantizipation könnte durch die größeren Handlungsschwierigkeiten, die mit Gegenaggression zusammenhängen, induziert sein und könnte seinerseits in den zweiten Handlungsphasen zum Verschwinden der in den ersten Handlungsphasen vorhandenen unterschiedlich großen Handlungsschwierigkeiten beitragen.

c) Alle VB1BAR-Werte sind bei Gegenaggression schlechter als bei Aggression (Mucha 1984, Tab. 20), so dass der trendmäßig vorhandene Konfliktantizipationsunterschied zugunsten von Gegenaggression im Vorgespräch (p=.09) in der zweiten Antizipationsphase völlig verschwunden ist, was seinerseits zur tendenziellen Annäherung des Ausmaßes der Handlungsschwierigkeiten in den zweiten Handlungsphasen beitragen dürfte, ohne jedoch die Unterlegenheit der ursprünglichen Gegenaggression beseitigen zu können.

d) Schließlich kann man beim Vergleich von Aggression mit Kooperation feststellen, dass die ursprünglich aggressiv Handelnden in den zweiten Handlungsphasen weniger Handlungsschwierigkeiten als die ursprünglich kooperativ Handelnden aufweisen (Mucha 1984, Tab. 18). Hier könnte man das fehlende unterschiedliche Ausmaß an erlittenen Handlungsschwierigkeiten (VB1BAR-Werte) differenzierter so betrachten, dass aggressiv Handelnde ja aggressive Bewältigung von Handlungsschwierigkeiten erfahren/lernen, während kooperativ Handelnde diese Erfahrung nicht machen. Der Konfliktantizipationsunterschied zugunsten der aggressiv Handelnden vergrößert sich noch durch diese unterschiedlichen Erfahrungen mit Handlungsschwierigkeiten, so dass in den zweiten Handlungsphasen schließlich die ursprünglich aggressiv Handelnden weniger Handlungsschwierigkeiten haben als ursprünglich kooperativ Handelnde.

5. Interindividuelle Unterschiede in intraindividuellen Veränderungen der Handlungsregulation

In zukünftigen Untersuchungen sollte geklärt werden, warum trotz der Tatsache, dass 72,3 % derjenigen, die in der ersten Handlungsphase Handlungsschwierigkeiten haben, vor der zweiten Handlungsphase gründliche Konfliktantizipation anstellen, 58,8 % hiervon dennoch in der zweiten Handlungsphase Handlungsschwierigkeiten haben (das sind 57,4 % derjenigen, die in der ersten Handlungsphase Handlungsschwierigkeiten hatten, Mucha 1988, Tab. 25).

Weitere Aspekte der Handlungsregulation müssen also von Bedeutung sein.

Zur tendenziellen Klärung der Frage könnten folgende Ergebnisse beitragen: Wenn man sich auf die 44,3 % der Fälle konzentriert, die in der ersten Handlungsphase

Handlungsschwierigkeiten aufweisen, und dann diejenigen, die in den zweiten Handlungsphasen erneut Handlungsschwierigkeiten haben, mit denjenigen vergleicht, die in den zweiten Handlungsphasen keine Handlungsschwierigkeiten haben, schiebt sich die Bedeutung von Reflexionsaspekten als mögliche Erklärung in den Vordergrund.

Und zwar sind Feedbackwahrnehmung (PBFBW1) und Erklärung der eigenen Handlung (PBHEK1) bei denjenigen besser (z.B. realistischer), die in den zweiten Handlungsphasen keine Handlungsschwierigkeiten mehr haben, als bei denjenigen, die hier erneut Handlungsschwierigkeiten haben (Tab. 26).

	Handlungs-schwierigkeiten		U	p (einseitig)
	VB2BAR= 1 - 4 Ø Rang	VB2BAR= 5 - 8 Ø Rang		
VGSIT	21.0	26.2	210.0	.01
PBFBW1	20.6	26.5	201.5	.05
PBHEK1	14.6	23.5	95.5	.005
PBSIT	21.5	25.9	220.0	.02
VB2ZHA	13.8	31.6	65.0	.0000
VB2IVB	19.4	27.4	178.0	.01
VB2KLH	18.5	28.0	160.0	.005
VB2KLP	15.8	30.1	106.0	.0001
ABFBW2	34.1	16.6	69.0	.0000

Tab. 26: Vergleich fehlender Handlungsschwierigkeiten (VB2BAR = 1–4) mit vorhandenen Handlungsschwierigkeiten (VB2BAR = 5–8) jeweils in den zweiten Handlungsphasen nach jeweils vorhandenen Handlungsschwierigkeiten in den ersten Handlungsphasen (U–Werte, mittlere Ränge, Signifikanzniveau)

6. Einzelfall-Analyse (ausführlich siehe Mucha 1988, 210-215)

Idiographische Methoden empfehlen Gstettner et al. (1983, 131f), weil so theoretisch bedeutsame Information von Einzelfällen am besten entdeckt werden kann.

Bei der Einzelfall-Analyse werden die Quantifizierungen der vier Transkripte eines Kindes als wichtigste Erkenntnisgrundlage genutzt und mit Hilfe der tatsächlichen Äußerungen konkretisiert.

Dieses Vorgehen ähnelt dem von Breuer et al. (1981) und ihrer Text-Extension, in die alle „uns pro Behandlungs-Dyade zur Verfügung stehenden Datenebenen" (ebd., 75) einbezogen werden, wobei die jeweilige Daten-Informations-Quelle vermerkt wird. Die Informationsquellen sind: Vorbefragung, Aufzeichnung der (Be-)Handlungsphase, Nachbefragung „sowie Interpretationen des Codierers / Rekonstrukteurs aus dem Gesamtkontext“ (ebd., 78). Bei uns kommen noch die Einschätzung der Kinder durch die Erzieherinnen hinzu. Außerdem haben wir ja Gespräche mit beiden Interaktionspartner*innen der Dyaden geführt.

Bei der Handlungsanalyse betrachten wir die Qualitätskriterien der Handlungsregulation in ihren Funktionseinheiten und in den Sequenzen Antizipation – Handlung – Reflexion (Abb. 18).

Sequentielle Handlungsorganisation	Funktionseinheiten der Handlungsregulation			
	Handlungsorientierung	Handlungsantrieb	Handlungsausführung	Handlungskontrolle
Antizipation im Vorgespräch	Handlungsziel-Bestimmung und Zielhandlungsvorstellungen (HZH), Bedingungs- und Weg-Analyse (SIT, IPB, KOA), Handlungsprogramm-Generierung (KLÜ)	Differenzierung und Ausrichtung der Antriebslage (HZH)	reduziertes Probehandeln (PPH)	antizipative Kontrolle (vor allem KOA, aber auch KLÜ, IPB, HZH)
erste Handlungsrealisierungsphase (mit entscheidendem Handlungs-(Wende)punkt = krit. Ereignis)		Art und Intensität der Zielhandlungsausführung und Konfliktlösungshandlung (ZHA, KLH, IVB)	Zielhandlungsausführung, Interaktionspartnerbezug, Konfliktlösungshandlung und -planmäßigkeit, Handlungsschwierigkeiten (ZHA, IVB, KLH, KLP, BAR)	operative Kontrolle (ZHA, KLH, KLP, BAR, auch IVB): Antriebsveränderungen
Reflexion in der Pausenbefragung	Feedbackwahrnehmung (FBW)	Handlungserklärungen, -antriebe, (-beweg)-gründe (Motive) (HEK, IHE)		resultative Kontrolle (FBW)
Antizipation in der Pausenbefragung	(siehe Antizipation im Vorgespräch), Feedbackverarbeitung (FBV)	(siehe Antizipation im Vorgespräch), Handlungsantriebsveränderungen (FBV1)	(siehe Antizipation im Vorgespräch)	(siehe Antizipation im Vorgespräch), Feedbackverarbeitung (FBV)
zweite Handlungsrealisierungsphase (mit ...)		(siehe erste Handlungsphase)	(siehe erste Handlungsphase)	(siehe erste Handlungsphase)
Reflexion im Abschlußgespräch	(siehe Reflexion in der Pausenbefragung)	(siehe Reflexion in der Pausenbefragung)		(siehe Reflexion in der Pausenbefragung)

Abb. 18: Funktionseinheiten spezifisch-sequenzielle Zuordnung der Qualitätskriterien der Handlungsregulation

Aus solchen Einzelfall-Analysen können **pädagogisch-therapeutische Schlussfolgerungen** gezogen werden. Das wäre ja der Sinn dieses diagnostischen Verfahrens der Handlungsanalyse (Mucha 1985).

Am Beispiel dieser Einzelfallanalyse könnte man sich fragen, welche Funktionseinheiten der Handlungsregulation bei dem Kind zu fördern wären.

Bei dem Beispiel ergibt sich, dass die Handlungskontrollregulation, speziell die antizipative Kontrolle (in den Pausenreflexionen), nach erfolgreicher Handlungsphase verbesserungsbedürftig wäre. Denn in den Pausenbefragungen werden nur unzureichend Interaktionspartnerbezüge vom Kind kognitiv hergestellt bzw. verbalisiert, keine Schwierigkeiten antizipiert und Konfliktlösungen nur (nach)lässig überlegt, also voreilige Schlüsse gezogen (unzureichende Feedbackverarbeitung), was in den zweiten Handlungsphasen zu Handlungsschwierigkeiten führt, die unplanmäßige Konfliktlösungshandlungen erfordern, wodurch die Abschlussreflexion (resultative Kontrolle) beeinträchtigt wird.

Empfehlenswert erschiene deshalb eine gezielte Förderung der antizipativen Kontrolle etwa durch pädagogische Instabilisierung à la Köppler, wodurch die Schwächen in der folgenden Handlungsphase und abschließenden Reflexionsphase zu verhindern wären.

Mit Hilfe des handlungsorientierten diagnostischen Verfahrens lassen sich so Handlungsanalysen kindlicher Interaktionen durchführen, die individuell spezifische Charakteristika der Handlungsregulation erfassbar machen, wodurch bei Bedarf Fördermaßnahmen subjektangemessen gezielter und damit wirkungsvoller durchgeführt werden könnten.

7. Reflexion

7.1 Konzentration auf Handlung – Ein empirischer Weg zur Persönlichkeit

Während A. N. Leontjew sich der Persönlichkeit theoretisch deduktiv (von oben) nähert, habe ich es empirisch induktiv (von unten) versucht. Beide Vorgehensweisen wären für sich allein unzureichend. Sie bedürfen einander in symbiotischer Weise. Weder die horizontale Ebene der Handlungsregulation noch die vertikale der Motive sind entbehrliche Bestandteile der Persönlichkeit.

Hier ist also mein Ansatz zur Diskussion gestellt, durch methodisch-praktische Konzentration auf Handlung dem gemeinsamen Ziel des Erforschens der Persönlichkeit ein Stück näher zu kommen. Damit fühle ich mich in der Tradition von Rubinstein, Galperin (s.o., Kap. 2) und Wygotski (1925), der das Betonen beobachtbaren Verhaltens durch Behavioristen begrüßt, weil bisher zu sehr isoliert Ideen, Wahrnehmung, Assoziationen untersucht worden seien (Minick 1986).

7.2 Handlungsregulationstheorie-Erweiterungen

Ein Teil der gefundenen Ergebnisse ähnelt insofern denen von von Cranach et al. (1980), als keinem Handlungs-Teilschritt mit zwingender Notwendigkeit ein bestimmter anderer Teilschritt folgt. Das habe ich (Mucha 1984) unter dem Stichwort „Fluktuationen“ diskutiert.

Gleichzeitig waren aber Zusammenhänge zwischen einzelnen Aspekten der Handlungsregulation und zwischen Kognition und Handlung, z.B. zwischen nachlässiger Antizipation und Handlungsausführungsschwierigkeiten bzw. zwischen Handlungsausführungsschwierigkeiten und Verbesserung der Antizipation von Handlungsausführungsschwierigkeiten, sowohl in Einzelfallanalysen als auch mathematisch-statistisch auffindbar.

Diese Ergebnisse erklären teilweise die scheinbaren Fluktuationen, denn wenn veränderte Kognitionen zu veränderten Handlungen führen sollen (das ist ja Untersuchungsgegenstand zahlreicher Forschungsvorhaben auch unterschiedlicher Wissenschaftsdisziplinen), dann sind möglicherweise sowohl zwischen ursprünglichen und späteren Kognitionen als auch Handlungen keine unidirektionalen Zusammenhänge, sondern komplexere Wechselwirkungen (bei denen auch umgekehrt gilt: veränderte Handlungen führen zu veränderten Kognitionen) anzunehmen, die zunächst als Fluktuationen erscheinen mögen.

Es sind also (teilweise schwerer verstehbare) Fluktuationen innerhalb der Handlungs - (Regulations -) Prozesse nicht von der Hand zu weisen, aber daraus kurz zu schließen, es „muß die regulierende Funktion sozialer Kognitionen für das soziale Handeln bezweifelt werden“ (Claar & Silbereisen 1983, 556), ist in der imperativischen Pauschalität mit Sicherheit unzulässig. Fruchtbarer sind Überlegungen, die „Sprünge“, „episodische Zielverfolgung“, „aus dem Felde gehen“ oder „hierarchisch organisierte Heterarchien“ (vgl. Volpert 1983, 2-7, 22) als gegenstandsangemessene Theoriebestandteile bzw. -erweiterungen diskutieren.

Solche Aspekte sollten in zukünftigen Untersuchungen von vornherein als Variablen mit eingeplant werden.

Fluktuationen lassen Entwicklungsprozesse oft „paradoxen Wallfahrten (drei Schritte vorwärts und zwei zurück)“ ähnlich erscheinen (Kordes 1983, 238).

„Während das entwicklungslogische Konzept von der Annahme ausgeht, daß jede überwundene Stufe aufgehoben, ersetzt oder gar 'gelöscht' wird, behandelt das analytische Konzept den Rückgriff oder Rückfall (Regression) auf vermeintlich frühere Stufe weniger abstrakt: Regression wird als Normalfall behandelt“ (ebd., 243).

Von der relativ stabilen Etablierung eines höheren Entwicklungsniveaus sind Rückschritte schon immer feststellbar gewesen (ebd., 239).

Die „Instabilität und Inkonsistenz von Lern- und Handlungsweisen (könnte auch) als 'Stufenmischung' interpretiert werden, in welcher sich eine (mehr oder weniger kritische) Übergangsschwelle ausdrückt“ (ebd., 246).

Ich erinnere erneut an die ganz bewusst getroffene Wahl der untersten Altersgruppe bei der Zusammenstellung der Untersuchungssubjekte (siehe Mucha 1984, 140).

7.4 Reflexion über Handlung als entscheidender Prozess der Persönlichkeitsentwicklung des Subjekts und als zu untersuchender Prozess zum wissenschaftlichen Erkenntnisgewinn

Bei der Handlungsantriebsregulation (siehe Kapitel 1) liegen für zukünftige Untersuchungen ausgeklammerte Möglichkeiten, an Motive der Tätigkeit heranzukommen. Neben der erwähnten Schwierigkeit, unbewusste Motive von Kindern zu erfassen, ergibt sich das Problem der Widersprüchlichkeit zwischen vorgegebenen Untersuchungs-Situations-Arrangements, in die quasi die Motive des/der Forschenden einfließen (siehe auch den sehr interessanten Beitrag von Lagaay 2022), und persönlichkeitsspezifischen Motiven des Subjekts auf die die Forschungsbemühungen gerichtet sind.

In den Antizipationsphasen dürfte diese methodische Klippe gravierender durchschlagen und nicht simpel mit der Frage, „Warum willst Du dieses oder jenes Handlungsziel anstreben?“, zu meistern sein.

Sinnvoller und valider sind Tätigkeitsmotive sicher in den Reflexionsgesprächen zu erheben.

Ich habe festgestellt (Mucha 1984, 302ff), dass der kognitive und handlungsmäßige Interaktionsauftakt wenig aussagekräftig für den weiteren Verlauf einer Interaktion ist. Entscheidender ist die Reflexion über die Handlungsausführung. Die Erfahrung von Handlungsschwierigkeiten führt über Reflexion (Feedbackwahrnehmung, Handlungserklärungen) zu verbesserter Konfliktantizipation und so zu verbesserter Handlungsausführung (Abnahme von Handlungsschwierigkeiten).

Es reguliert also primär die Praxis.

Die Nahtstelle zwischen den beiden Halbsituationen (Vorgespräch, 1. Handlungsphase, retrospektiver Teil des Pausengesprächs bzw. antizipativer Teil des Pausengesprächs, 2. Handlungsphase, Abschlussgespräch) der Anforderungssituationen, der periaktionale Kern der handlungsregulatorischen Prozesse ist wohl der Schauplatz bewusster Erkenntnistätigkeit (**Reflexion**) des Subjekts, d.h. auch der Ort der **Persönlichkeitsentwicklung**. Dabei treiben Handlungsschwierigkeiten die Entwicklungsprozesse voran. Von der Handlungsausführung gehen also die entscheidenden Impulse aus, deshalb sind die konkrete **Handlung** und die bewusste Auseinandersetzung mit Handlungsschwierigkeiten zum Ausgangspunkt psychologischer Untersuchungen (der Persönlichkeit) zu wählen.

Mechanistisch-idealistische Vorstellungen über Zusammenhänge zwischen Kognition und Handlung, wie sie auch in Begriffen wie „handlungssteuernde Kognitionen“ zum Ausdruck kommen, sind deshalb (auch oder zumindest) auf dieser psychologischen Ebene zugunsten dialektisch-materialistischer Theorieansätze zu überwinden.

In zukünftigen Untersuchungen sollten längere Äußerungssequenzen der Untersuchungssubjekte analysiert werden.

Es sollte so der Prozess der Auseinandersetzung mit Anforderungen in der Praxis untersucht werden, anstelle Kurzreaktionen zu registrieren oder gar Kreuze in einem Fragebogen zu zählen. (Reduziert man Subjekte zu Forschungs-Objekten, kann man auch nur eine Psychologie reduzierter Persönlichkeiten betreiben.)

Die entwicklungsfördernde Funktion von Reflexion muss weiter untersucht werden, um Reflexion ihren angemessenen Platz in der Handlungsregulationstheorie einnehmen zu lassen. Bisher liegt das theoretische und (arbeitspsychologisch-) praktische Gewicht nicht auf Reflexion, sondern auf Antizipation und Handlungsorientierung.

Reflexion in unserem Sinn geht zwar in die Handlungskontrollregulation ein, aber darin auch unter. Wenn man in zukünftigen Untersuchungen explizit Reflexionsprozesse intensiver in den Mittelpunkt des Forschungsinteresses rückt, wären die entsprechenden Kategorien der Handlungsregulation aufzudifferenzieren. Insbesondere die Erklärung der eigenen Handlung (HEK) dürfte sich ergiebig nach Motiven absuchen lassen.

Weil im sozial-interaktiven Bereich Kontrolle eben nicht einfach Vergleich eines Produkts mit dem geplanten bedeutet, sondern auch die Reflexion der sozialen Beziehung und das Bewusstwerden der sich ändernden (möglicherweise sich verschlechternden) Beziehung umfasst, kommt der **Reflexion** über **Handlung** in der Handlungsregulationstheorie im sozial-interaktiven Bereich und für die **Persönlichkeitsentwicklung** eine wichtigere Funktion zu als in der Arbeitspsychologie.

Abschlussbemerkung

Der aufgezeigte Zugang zur Persönlichkeit und zur Persönlichkeitsentwicklung entzaubert alle nahezu biologistischen Verschwörungsfantasien hinsichtlich des sogenannten Bösen und anderer gutverkäuflichen Hirngespinste. Persönlichkeit entwickelt sich in lebenslangen Lernprozessen und lässt sich aus selbst- und / oder fremdschädigenden Sackgassen auch wieder herausbewegen. Das gilt im ganz kleinen dyadischen Sozialfeld und auch im Makrobereich von Konflikten zwischen Gruppen, ja sogar politischen Machtblöcken. Natürlich muss immer angemessen die Situation analysiert werden. Sicher lassen sich nicht durch einfache präventive verbale Instruktionen Kriege stoppen oder verhindern (Mucha et al. 1979, Mucha 1992).

Gewalt in Paarbeziehungen

Es gibt Gewalt zwischen Kindern in ihren Kindergruppen oder unter Geschwistern, am Arbeitsplatz zwischen Kolleg*innen oder zwischen Führungskräften und Mitarbeiter*innen, zwischen Gruppen, Cliquen, Clans, Hooligans, Nationen / Ländern / Religionen / Kulturen und auch in Paarbeziehungen.

Meist offenbart sich tragisch-gewaltsam, wenn Handlungsmuster in Paarbeziehungen so zusammen passen, dass man von destruktiven Paarbeziehungen sprechen kann (Peichl 2015, Mucha 2020).

Unabhängig von den Schauplätzen kommt es auf Perspektivenübernahme und Vertrauen an, sich auf die Brücke zum anderen Ufer zu trauen (Vertrauensbrücke). Es kommt quasi darauf an, sich beim gemeinsamen Tanz dem / der scheinbar verrückt sich Bewegenden anzuvertrauen, wenn man selbst die Melodie nicht hört.

„Der Taube wird die Tanzenden immer für Verrückte halten", schreibt Bucay (2019, 130).

Zum Aufbrechen rigider Fixierungen von Sichtweisen helfen oft schon gängige Kippfiguren, z.B. die Abbildung „alte / junge Frau".

Gelegentlich setze ich zu nachhaltigeren diagnostisch-therapeutischen Zwecken die von mir entworfene Vorlage „Vertrauensbrücke" (siehe Abbildung, nächste Seite) ein (stark angelehnt an Redlich 2016, Bornschein & Redlich 2017), die fallspezifisch modifiziert ausgehändigt (handout) werden kann und sich bewährt.

Peichl (2015) untertitelt sein Buch mit „Das Trauma intimer Gewalt" und trifft damit den Kern dessen, was von Paaren zu erfahren ist, wenn sie endlich oder anfänglich eine/r von ihnen, meist nach viel zu langem Zögern, den Weg zu professioneller Beratung oder Psychotherapie finden bzw. findet.

Buchtitel, die mit negativen Begriffen anfangen, liest man eher nur, wenn es berufliche Gründe dafür gibt. Die professionelle Motivation wird durch die psychische Beanspruchung aufgrund der Schwere der menschlichen Tragödien, um die es in Veröffentlichungen geht, gebremst.

Paarbeziehungen können sich destruktiv entwickeln, besser gesagt: können von den Handelnden destruktiv gestaltet werden, und sogar traumatische Spuren hinterlassen (zu „Kränkung" siehe Mucha 1998). So kann eine Frau in Erwartung des nächsten Kontrollverlustes Ihres Mannes traumatisiert sein, selbst wenn die Gewaltereignisse selten auftreten. Sogenannte „intime Gewalt" kann vielfältig in Erscheinung treten. Die Handelnden kehren ihre zerstörenden Facetten nach außen, gleichzeitig ihre zerstörten. Wenn die Handlungsmuster ineinandergreifen, kommt eine Psychodynamik in Gang, die nur mit professioneller Hilfe gestoppt, gebremst oder gegebenenfalls wenigstens bei der Hilfe suchenden Person so psychotherapeutisch bearbeitet werden kann, dass Wunden heilen und vernarben können.

VERTRAUENSBRÜCKE
mit Aspekten des Vertrauens
nach Bornschein & Redlich 2017

Vertrauensaspekte könnten z.B. sein
Verlässlichkeit
Offenheit
Ehrlichkeit
Transparenz
Verschwiegenheit
Einfühlungsbereitschaft
Loyalität
Dialogfähigkeit
Seriosität
Akzeptanz
Rücksichtnahme

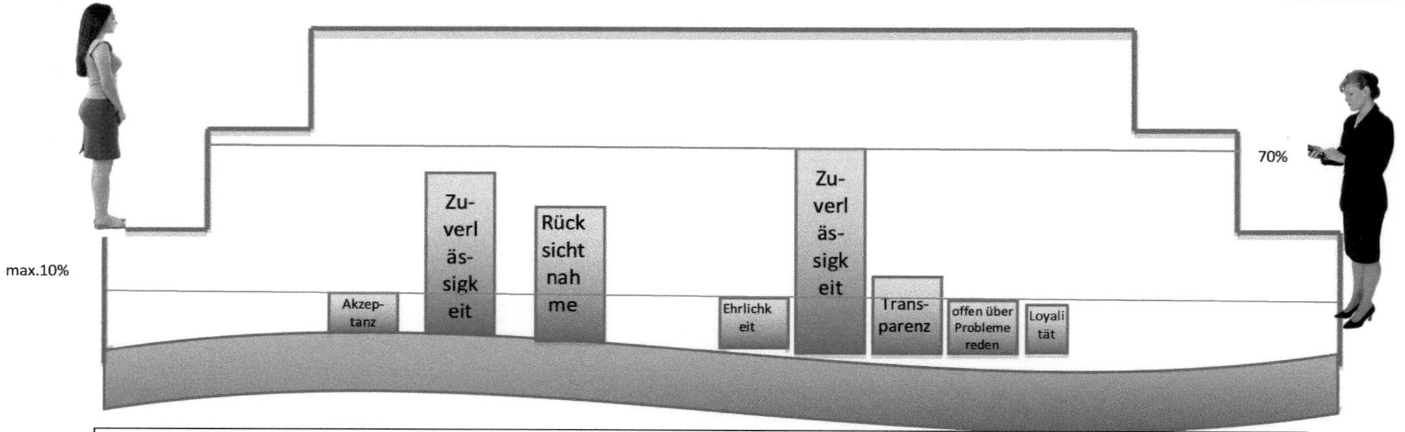

max.10%

Akzep-tanz
Zu-verl äs-sigk eit
Rück sicht nah me
Ehrlichk eit
Zu-verl äs-sigk eit
Trans-parenz
offen über Probleme reden
Loyali tät

70%

Höhe eines Stützpfeilers gibt das Ausmaß an, in dem der Vertrauensaspekt **erfüllt** ist und die Vertrauensbrücke trägt.
Breite eines Stützpfeilers gibt an, wie **wichtig** der Vertrauensaspekt für die Tragfähigkeit der Vertrauensbrücke ist.

Peichl (2015) greift dieses relevante Thema auf, allerdings ist sein Hauptinteresse, auch weibliche Gewalt gegen Männer darzustellen. Er praktiziert und lehrt die Ego-State-Therapie auf Grundlage des Modells des US-amerikanischen Psycholog*innen-Ehepaars Watkins (inzwischen verstorben). Peichls medizinisch-psychoanalytische Sicht als Mediziner durchzieht das Buch, entsprechend der zitierten Literatur, wenn es um Neurobiologie, Hormone oder Physiologie geht. Aber selbst bei den ganzseitigen Abbildungen (ebd., 174f) zur „Spirale der Gewalt" wird ausschließlich von „medizinischer Behandlung" gesprochen. Paarbeziehungen, Intimität, Gewalt, Trauma sind aber vor allem psychologische Fragestellungen und sollten auf psychologischem Fundament analysiert und bearbeitet werden.

Das Buch basiert auf dem Erkenntnisstand von 2007 (neueste zitierte Veröffentlichungen). Abbildungen veranschaulichen die Ausführungen (so Glasls Konflikteskalations-Stufen; ebd., 159). Viele empirische Ergebnisse basieren leider auf US-amerikanischem Kulturhintergrund.

Das zentrale Kapitel ist sicherlich das 10. „Die destruktive Paarbindung: Warum ist sie so stabil?" (ebd., 176-200), das aber konkludent psychoanalytisch-biologisch gefangen ist, wenn es um „Projektion männlicher Minderwertigkeit in die Frau als Opfer" oder die „neurobiologische Perspektive" geht. Auch in diesem Kapitel bezieht sich Peichl auf US-amerikanische Untersuchungen, bei denen z.T. „Rekruten" befragt wurden. Schlussfolgerungen oder Übertragungen auf zivile Allgemeinbevölkerung in unserem Kultur-Raum halte ich für nicht unbedingt aussagestark.

Die geschlechtsspezifischen Muster der Gewaltspirale werden in Kapitel 4 als „Balance auf einer Messersschneide" (ebd., 57) und immer wieder zuschnappende Beziehungsfallen dargestellt. Tragisch ist die „Illusion, eine erneute Gewalteskalation verhindern zu können" (ebd., 59). Die psychischen Konsequenzen hinsichtlich Schuld und Selbstwertgefühl sind gravierend.

Die Plausibilität des Textes ist verführerisch. So geht natürlich Rilkes Panther-Gedicht (ebd., 214) unter die Haut als Veranschaulichung der „erlernten Hilflosigkeit" oder Ausweglosigkeit in destruktiven Beziehungen.

> *„Der Panther*
> Im Jardin des Plantes, Paris
>
> Sein Blick ist vom Vorübergehn der Stäbe
> so müd geworden, dass er nichts mehr hält.
> Ihm ist, als ob es tausend Stäbe gäbe
> und hinter tausend Stäben keine Welt.
>
> Der weiche Gang geschmeidig starker Schritte,
> der sich im allerkleinsten Kreise dreht,
> ist wie ein Tanz von Kraft um eine Mitte,
> in der betäubt ein großer Wille steht.

Nur manchmal schiebt der Vorhand der Pupille
Sich lautlos auf – . Dann geht ein Bild hinein,
geht durch der Glieder angespannte Stille –
und hört im Herzen auf zu sein."

Und auch der depressive Dialog (ebd., 221) zwischen Romy Schneider als Nadine und Fabio Testi als Servais aus „Nachtblende" lähmt das Herz, obwohl es in dem 1974er Film um eine destruktive Ménage-à-trois geht.

Nadine: >>Meinen Sie wirklich ... gut ... was machen wir?<<
Servais: >>Ich weiß nicht!<<
Nadine: >>Wenn wir nicht zusammen schlafen und nicht weggehen,
irgendwas müssen wir doch tun ... oder?<<
Servais: >>Zum Beispiel?<<
Nadine: >>Sprechen ... hm!<<
Servais: >>Über was?<<
Nadine: >>Über was ... über uns!<<
Servais: >>Und Sie glauben, dass es uns helfen wird?<<
Nadine: >>Ja!<<
Servais: >>Aber wozu?<<
Nadine: >>Ja, um zusammen zu sein ... um zusammen zu sein,
sind wir doch hier.<<

Allerdings ist ein solch hoffnungsloser Dialog psychotherapeutisch schon nahezu als Erfolg anzusehen, wenn ich ihn vergleiche mit Paaren, die sich in verbalem Nahkampf befinden bis die Fetzen fliegen oder die Gegenstände und eine/r den / die andere/n nicht nur psychisch, sondern physisch verletzt.

Peichl lohnt sich als Einstieg in das Thema, um möglicherweise überhaupt erst einmal eine Ahnung von der Vielfältigkeit der Fragestellung zu bekommen. Aber man / frau sollte sich nicht auf diese Quelle beschränken, zu oft fehlt die wissenschaftlich-valide Untermauerung des Geschriebenen.

Ich empfehle unbedingt Veröffentlichungen weiblicher Autorinnen mindestens ergänzend, wenn nicht sogar alternativ: Barwinski & Wenninger 2018, Lampe & Gahleitner 2017 (die auch gesellschaftliche, ökonomische, soziale Bedingungen in den Blick nehmen), Sanz & Steinhardt 2019 (die die schwierige Arbeit von professionellen Helferinnen in Einrichtungen und die ebenso schwierige Arbeit als Supervisorinnen solcher Helferinnen darstellen). Auch lesenswert ist der Roman von Kloughart 2019, in dem es um das Halten bzw. Trennen von Beziehung geht.

Trennung, vielleicht auch nur eine vorübergehende, ist immer auch als eine Möglichkeit zu besprechen. Oft sehen Paare gar nicht diese Entscheidungsfreiheit, sondern fühlen sich angekettet wie der Elefant auf dem Bild von Truong (Bucay 2019), der als kleiner Elefant in seinen ersten Lebensjahren gelernt hat, wenn er mit dem dünnen Seil an den kleinen Pflock angetäut ist, dann hat er an der Stelle auszuharren. Inzwischen ist der Elefant aber erwachsen und stark und könnte sich leicht aus eigener Kraft befreien.

Strukturelle Gewalt erleben Kinder in Kriegszeiten -

und Kriege gibt es ständig

Meine selbstkritischen Gedanken (Mucha 1992) nach dem 2. Golfkrieg 1990/1991 gehen auf ein persönliches Erlebnis mit meiner damals kleinen Tochter in der Kindertagesstätte zurück. Es wirkt geradezu wie ein Lehrstück.

Die Veröffentlichung erfolgte als Eröffnungsstatement für das Roundtable-Gespräch „Thema Frieden - Psychologie und die Praxis" auf der 4. Tagung Friedenspsychologie der Friedensinitiative Psychologie / Psychosoziale Berufe e.V. in der Freien Universität Berlin 1991.

Vier Thesen stell(t)e ich zur Diskussion:

1. **Erwachsene können von der kindlich-natürlichen Betroffenheit lernen!**

   Als am 16. Januar 1991 ein Militärbündnis unter Führung der USA den Krieg gegen den Irak begann, fuhr ich als Erwachsener wie üblich an jenem Mittwoch zur Arbeit.

   In der U-Bahn verteilten Schüler*innen Flugblätter, in denen sie zum Unterrichtsboykott aufriefen als Protest gegen den Krieg.

   Ich freute mich über diese wachen jungen Leute. Gleichzeitig fühlte ich mich sehr alt.

   Anfang Februar 1991 kamen drei Vorschulkinder einer Kita auf die Idee, eine Friedens-Aktion zu machen. Sie ließen sich von ihrer Erzieherin Pappe, Stöcke etc. geben, malten Kriegs- und Friedens-Symbole, ließen sich von einer Praktikantin Parolen aufschreiben, die sie selbst kannten oder aus dem Gedächtnis heraus formulieren konnten. Auf einem Pappschild, dem meiner Tochter Klara, stand z.B. „Wir demonstrieren gegen den Krieg am Golf".

   Die Kinder zogen mit ihren Pappschildern durch den Garten der Kita und riefen: „Deutsche Waffen, deutsches Geld morden bald in aller Welt!"

   Die Kita-Leiterin eilte zu den Kindern und kassierte deren Schilder ein. Sie verbot die Friedens-Demonstration.

   Unabhängig voneinander erfuhren die Eltern durch ihre Kinder von dem Vorfall.

   Den Kindern war unverständlich, warum sie nicht für den Frieden demonstrieren durften. Sie waren sauer auf ihre Kita-Leiterin.

   Es folgten Gespräch der betroffenen Eltern mit der Leiterin, die keine Annäherung der Standpunkte brachten. Die Eltern lehnten das Vorgehen der Leiterin ab und erwarteten von einer pädagogischen Einrichtung mehr Pädagogik. Die Leiterin sollte versuchen, den Kindern ihr Verhalten nachträglich verständlich zu machen. Das ist aber nie geschehen.

Die Leiterin pochte auf ihre angebliche Pflicht zu politischer Neutralität und sprach außerdem den Kindern weitgehend eigenständige Gedanken zu Krieg und Frieden ab.

In meinem Gespräch als Elternvertreter mit der Pädagogischen Leiterin im zuständigen Jugendamt wies diese ebenfalls auf die angebliche politische Neutralitätspflicht des öffentlichen Dienstes hin.

Auf dem Elternabend in der Vorschulgruppe dankten die Eltern der Vorschul-Erzieherin für ihr kindgerechtes Aufgreifen der Bedürfnisse der Kinder nach Ausdruck ihrer Fragen, Gefühle, Gedanken etc. Sie hatte die Ernsthaftigkeit der (schulreifen) Kinder angemessen gewürdigt.

Zur weiteren Information wurden zwei kurze Texte verteilt und (von mir) referiert, und zwar eine ADN-Meldung (1991) über einen UNICEF-Bericht und ein Beitrag von Macpherson (1991) über die Kontroverse zu kindlichen Auseinandersetzungsmöglichkeiten mit Krieg und Todesangst. Die anwesende Kita-Leiterin räumte entschuldigend ein, vielleicht etwas vorschnell und nicht ruhig genug gehandelt zu haben.

Es kann nicht angehen, dass Eltern den Schaden, den eine Kita-Leiterin (oder andere Kita-Mitarbeiter*innen) anrichten, nämlich: Unverständnis bei Kindern, vielleicht sogar Einschüchterung, möglicherweise zukünftiges Vermeiden mit Erwachsenen (Vorgesetzten), Duckmäusertum o.ä., dass Eltern diese Wogen wieder glätten müssen. Vor Pädagog*innen ist Fachkompetenz auch hinsichtlich Friedenserziehung zu fordern.

Gemeint ist das bewusste Auseinandersetzen mit Fragen zu Krieg, Tod, Angst, Frieden, Völkerverständigung. Grundvoraussetzung dafür ist, Kindern pädagogische Beziehungen anzubieten, die sie ermutigen, sich Gedanken zu machen, eigene Gefühle zu beobachten und beides auch auszudrücken.

Fachkompetenz heißt aber nicht einfaches Gewährenlassen, sondern bewusste Erziehung zu bestimmten Zielen hin, hier zu Frieden und Völkerverständigung und nicht zu Gewalt, Rassismus o.ä.

Fachkompetenz beinhaltet also auch eine eindeutige Haltung zu bestimmten Zielen (vgl. Mucha 1989, 1989a). Denn nicht Neutralität lässt Kinder ihren Weg ins Leben finden, sondern begründete und für Kinder nachvollziehbare Ehrlichkeit lebt ihnen Werte und Einstellungen vor, mit denen sie sich auseinandersetzen und an denen sie sich orientieren können.

Was hier geschah war ein Lehrstück in Sachen struktureller Gewalt, nämlich qua Amtsautorität wird die daraus legitimierte Gewalt missbraucht. Das Makabre an der Sache ist, dass es sich ja um eine Frage von Krieg und Frieden, also um eine Frage von Gewalt oder gegen Gewalt handelt.

2. **Erwachsene sind viel zu angepasst. Sie sind kaum noch aus der Fassung zu bringen, zumindest lassen sie es sich kaum anmerken. Entsprechend halbherzig handeln Erwachsene folglich auch.**

   Die legalistische Diskussion wegen der Schüler*innen-Lehrer*innen – Demonstrationen und des Unterrichtsausfalls während des Golf-Krieges empfand ich zutiefst beschämend.

   Ich denke, im Kriegsfall sind Regeln oder sogar Gesetze zu brechen. Was muss passieren, bevor wir uns trauen aufzustehen. Das haben im Faschismus viel zu wenige gemacht, gegen die Atomraketen auf deutschem Boden ebenso. Die verschiedenen 4Future-Bewegungen sind ein Lichtblick. Und da dürfen auch begrenzte Regelüberschreitungen wie die der „Letzten Generation" nicht mit Terrorismusverdacht belegt werden.

   Als typisch erwachsene Form des Protestes formulierte ich nach der Kita-Aktion meiner Tochter einen Antrag für den Bezirkselternausschuss, in dem „eine verstärkte Erziehung zum Frieden" in den Kitas gefordert wird. Außerdem wird den Erzieher*innen in dem Antrag gedankt, „die während des Golfkrieges auf Fragen, Ängste oder Protest o.ä. von Kindern angemessen eingegangen sind", und es wird angeregt, „mit in Berlin ansässigen, friedenspädagogisch anerkannten Persönlichkeiten und Institutionen / Initiativen zusammenzuarbeiten (Fortbildung, Projektunterstützung)".

   Dieser Antrag wurde zunächst vertagt (angeblich wegen meiner Abwesenheit in der Sitzung des Ausschusses) und erst im Mai 1991 einstimmig unterstützt.

3. **Bei Erwachsenen klafft zu oft eine unverantwortliche Lücke zwischen Wissen und Können einerseits und Handeln andererseits.**

   Erwachsenes Wissen um das Risiko möglicher persönlicher Nachteile aufgrund von Zivilcourage lähmt Erwachsene und mobilisiert intellektuelle Energie oder Kompetenz, um nicht handeln zu müssen (rationalisiert gesagt: zu dürfen).

   Erwachsene Coping-Strategie bewältigt zu oft die Angst vor persönlichen (Karriere-) Konsequenzen und nicht das eigentliche Problem: hier Kriegstreiberei.

   Kinder sind nicht auf Rationalisierungen angewiesen, um sich irgendwie scheinbar verantwortungsbewusst aus der Affäre zu ziehen, sondern machen es Erwachsenen vor, wie direkt und geradeheraus, also unverbogen, menschliche Größe gezeigt werden kann.

   Größe und Kleinheit sind hier mit edlerem Maßstab zu messen (und zu spüren) als üblicherweise, wenn die scheinbar so Großen sich über die angeblich noch so Kleinen erhaben fühlen.

4. (quasi eine Entschuldigungs-These): **Insbesondere Erwachsene waren damals und sind immer wieder bis heute mit dem plötzlich realen Krieg überfordert.**

a) Erzieher*innen / Kita-Leiter*innen / Lehrer*innen beschäftigen sich mit der Frage, ob die üblichen Faschingsfeiern stattfinden dürfen, wenn gleichzeitig Kinder im Krieg sterben.

   Anscheinend waren / sind Erwachsene nicht mehr in der Lage zu entscheiden, ob es einem einzigen Kind in Kriegs-Regionen helfen könnte, wenn Kinder in Berlin auf Faschings-Fröhlichkeit verzichten.

   Nicht feiern und nicht demonstrieren. Ruhe! Die Ansprüche werden immer mehr reduziert. Früher hörte man noch: Ruhe und Frieden.

b) Eines von drei Friedens-Infos, die ich als Psychologischer Berater für Kindertagesstätten erarbeitet hatte und an Kitas verschickt hatte, wurde 1991 von höchster Vorgesetzten-Stelle gestoppt.

   Mir wurde u.a. vorgehalten, dass der von mir verwendete Text „Ich reibe dir einen Apfel“ von einem Verlag der ehemaligen DDR veröffentlicht war (Resch-Treuwerth 1986).

   Suchten hier nicht auch verantwortliche Führungskräfte einen Vorwand, um eigene Passivitäts-Schuld mit scheinbarer Fürsorgepflicht für einen Mitarbeiter oder angeblicher Neutralitätspflicht gegenüber der Öffentlichkeit reinzuwaschen?

c) Der Deutsche Gewerkschaftsbund entschied sich anlässlich des Kriegsausbruchs im Januar 1991 für eine Schweigeminute und demonstrierte damit peinlich in aller Öffentlichkeit seine Sprachlosigkeit, anstatt deutlich seine Stimme zu erheben.

d) Die Überforderung der angeblich links-alternativen taz (Tageszeitung) hielt sogar noch beim Ostermarsch 1991 an, über den sie mit dem Tenor berichtete, es sei ein müdes Ritual bei Regen gewesen. Ist das alternative Gedächtnis wirklich so kurz (gewesen), dass schon Ostern zumindest bei taz-Schreiber der Golf-Krieg vergessen war? Ist die Diffamierung des Ostermarschs als Ritual und die abschätzige Bewertung der Ostermarschierenden nicht auch Ausdruck des Nichtbegreifens von Zusammenhängen? Überfordert es, die Distanz zwischen Kuweit und Berlin geistig zu überbrücken? Wollen Erwachsene ihre Mitverantwortung nicht wahrhaben bzw. wahrnehmen, um die eigene Teilnahme an einer Friedensdemonstration vom Wetter abhängig zu machen? Gehen überforderte Alternative zwar bei Regen zum Open-Air-Konzert, aber nicht zum Ostermarsch? Wie verrückt sind anscheinend die Handlungs-Entscheidungs-Kriterien und die fundamentalen Motive?!

Die Fragen um Krieg oder Frieden verlangen ein persönliches Bekenntnis zu Zivilcourage und Menschlichkeit.

Naive Kinder als Modelle für friedliche Orientierung treffen immer wieder auf pädagogische und strukturelle Gewalt. Das erleben wir aktuell auch bei Fridays for Future, wenn diese jungen Leute kriminalisiert werden. Zurecht wurde zum Unwort des Jahres 2022 der Begriff „Klimaterroristen“ ausgewählt.

Untertanengehorsam und Duckmäusertum haben in Deutschland schon mindestens einmal katastrophale Folgen gehabt.

Wir sollten unsere natürlichen (vielleicht kindlichen) Gefühle (hier z.B. Angst, Entsetzen, Fassungslosigkeit oder auch Trauer, Ohnmacht oder Wut) zulassen, uns unserer erwachsenen Verantwortung bewusst sein und entsprechend handeln.

Revolution als historisch legitime Notwehr

Als ich 1975, am Ende der Nelkenrevolution, mit einer Gruppe westberliner und österreichischer junger Sozialist*innen durch Portugal reiste, spürte ich den Hauch legitimer Gewalt als Notwehr gegen faschistische Unterdrückung und Ausbeutung.

Ja, Gewalt kann im Notfall eingesetzt werden. Das galt 1974 in Portugal und das galt am 20. Juli 1944 gegen den Faschismus in Deutschland.

Mit der Erfahrung von 44 Jahren seit der Revolutionserfahrung in Portugal bis zu meinen Gedanken über Intellektuelle, die Gefahr laufen könnten, Stützen bestehender Herrschaft zu sein (Mucha 2019, Bering 2010[1]), gebe ich hier doch meine Reiseeindrücke von 1975 wieder, weil sie zeigen, dass sogenannte „Intellektuelle" nur gemeinsam mit Arbeiter*innen, jedenfalls mit Nicht-Intellektuellen, revolutionär handeln können. Nur gemeinsam sind sie stark! Und im Nachhinein hat die Geschichte auch tragisch gezeigt, welche reaktionäre Rolle Intellektuelle spielen beim Roll-Back.

Zu Anfang der Reise begleiteten wir am **4. September 1975** den Agraringenieur Francesco, der vom neuen Landwirtschaftsministerium eingesetzt war, auf einer Fahrt durch die südportugiesische Region, für die er verantwortlich war (Mucha 2013).

Für Francesco war es ein üblicher Arbeitstag, für uns bedeutete der Kontakt zu den Bauern und Bäuerinnen das Schnuppern an revolutionärer Perspektive einer selbstbestimmten Zukunft.

Seit dem 25.4.1974 (Tag des Beginns der Revolution) bzw. seit der danach begonnenen Agrarreform sind die Bauern und Bäuerinnen Pächter*innen. Ein Pachtvertrag wird für 18 Jahre vereinbart. Damit ist die Hoffnung verbunden, dass es in 18 Jahren gar kein Privateigentum an Grund und Boden mehr gibt, sondern nur noch Pächter*innen.

Die Kooperative (Cooperativa) ist ein ökonomischer Umschlagplatz zum direkten Verkauf der Produkte der Bauern und Bäuerinnen für diese selbst. Zwischenhändler*innen soll es nicht mehr geben. Aber in Portugal war damals (und ist heute ja immer noch nicht) der Kapitalismus noch längst nicht abgeschafft.

Die Einheit der Bauern und Bäuerinnen war keineswegs vorhanden. **Die Kooperative „Gremio Lavora de Lagos"** setzte sich aus ca. 40 Bauern und Bäuerinnen zusammen. Es gab aber über 2000 Kleinbauern und -bäuerinnen, die sich nicht der Kooperative anschlossen.

Zwei bis fünf Hektar Land hat ein bäuerlicher Betrieb durchschnittlich. In der Region gibt es ca. 100 Großbauern/-bäuerinnen. Zur Kooperativ gehört eine vierköpfige Kommission, der ein/e Richter*in, ein/e Vertreter*in der kleinbäuerlichen Betriebe, ein/e Vertreter*in der großbäuerlichen Betriebe und der/die Zuständige des Ministeriums

[1] Bering setzt sich allerdings sprachwissenschaftlich mit dem Begriff „Intellektuelle" auseinander und bleibt doch einigermaßen auf Distanz zum Handeln als Intellektuelle/r.

(in unserem Fall der Genosse Francesco) angehörten. Die Kommission entscheidet in Streitfällen, z.B. über die Höhe der vom Pächter abzuführenden Einkünfte. Außerdem kann durch die Bank der Kooperative jede/r Bauer*in einen Kredit aufnehmen, z.B. um Düngemittel oder Maschinen kaufen zu können. Das Ministerium befragt die bäuerlichen Betriebe per Fragebogen, um Probleme zu erfassen. Zum Beispiel wird erfasst, wenn Land besetzt wird. Das ist verboten, wird aber geduldet, wenn das Land verantwortungslos brach lag und durch die Besetzung Arbeitsplätze geschaffen werden. Erfasst wird auch das Problem der Überalterung, weil damit oft auch veraltete Produktionsweisen verbunden sind. Jüngere wandern oft in die Städte ab. Alte sind eher misstrauisch gegenüber jeglicher Neuerung. Leider sind sie oft Analphabet*innen.

Francesco schätzt diese Bedingungen als sehr schwierig ein, aber nicht hoffnungslos. Es sei ein Unterschied, ob man gegen die Revolution sei oder sie nur nicht verstehe, weil man Analphabet*in sei. Dieser Unterschied gebe ihm Hoffnung und stärke seinen Glauben an die Bauern und Bäuerinnen.

Wie relevant diese Arbeit auf dem Agrarsektor ist, wird daran deutlich, dass kurze Zeit zuvor auf das Landwirtschaftsministerium in Coimbra ein konterrevolutionärer Anschlag verübt worden war.

Die nächste Station führt uns nach **Barrao de San Joao**. Francesco macht uns mit Deo, den Bürgermeister, und seiner deutschen Frau bekannt. Sie hatten ein Projekt initiiert, in dem 30 Menschen aus verschiedenen Ländern arbeiteten. Unterstützung erhält diese Arbeitsgruppe von der MFA (Movimento das Forças Armadas = revolutionäre Bewegung des Militärs), zu der Deo guten Kontakt pflegt. Soldaten kommen und helfen mit oder verleihen schweres Gerät (Traktoren etc.). Zur Frage der Reproduzierbarkeit dieses Modells, das ja mit Unterstützung der MFA stattfindet, wird so beantwortet: Man versuche, auch in anderen Dörfern die Bewohner*innen zu bewegen, ihre Probleme gemeinsam zu lösen und stärker zusammen zu arbeiten. Einige Aktivist*innen um Deo haben eine Theatergruppe gebildet und versuchen so, zur Dorfbevölkerung Zugang zu finden.

Auch das dritte Ziel auf der „Dienstreise" hinterließ einen nachhaltigen Eindruck. Francesco hatte ein Treffen beim Schneider in **Odeceixe**, um ihm die Notwendigkeit klarzumachen, dass das Dorf am 21.9. Bauern und Bäuerinnen zur Kooperative nach Lagos schicken solle wegen einer anstehenden Wahl.

Der Schneider machte zunächst jedoch einen müden Eindruck. Er erzählte von der Wahl zur Verfassung gebenden Versammlung. Damals hätten 100 % der 750 im Dorf Wahlberechtigten gewählt, und zwar 600 die Kommunistische Partei und 150 die Sozialistische. Im Dorf werde ohne Kirche geheiratet, weil die Kirche dort kläglich gescheitert sei mit Versuchen, sich zu etablieren. Auch gebe es keine Polizei in Odeceixe. Man regele die Angelegenheiten selbst (oder auch nicht). Beispiel: Touristen seien im Dorf oftmals bestohlen worden, aber streng nach Ansehen der Person bzw. der Größe des Autos. Es gebe im Dorf allerdings eine Schule mit zwei Lehrenden, die sogar audiovisuell unterstützt unterrichteten.

Später kam die Frau des Schneiders hinzu und brachte deutlich ihre Ungeduld hinsichtlich politischer Prozesse zum Ausdruck. Nach dem 25.4.74 hätte man einige Köpfe abschlagen sollen und nicht so lange experimentieren.

Nachdem gegenseitiges Vertrauen im Gespräch entstanden war, zeigte uns das Paar die unter den Dielen versteckten Gewehre. Sie seien gewappnet gegen die Konterrevolution.

Am nächsten Tag, dem **5.9.1975**, führten wir an längeres Gespräch mit einem PCP-Mitglied in **Santiago do Cacim**.

Nach dem 25.4. schädigten die Großgrundbesitzenden die Wirtschaft, indem sie noch mehr Land brach liegen ließen und Arbeiter*innen entließen. Wegen drohender oder erlebter Arbeitslosigkeit gründeten die Arbeiter*innen im Sommer 1974 Gewerkschaften. Diese organisierten die Landbebauung, indem sie Arbeiter*innen dort hinschickten, wo Sabotage stattfand. Die Großgrundbesitzenden hatten sich nie für die Bebauung interessiert, sondern nur für ihren Profit. Sie lebten meist sogar in der Stadt und hatten auf dem Land nur zu tun, um zu jagen.

Nach dem 25.4. wurden die Kämpfe weiter entwickelt, stillgelegte Gutshöfe wurden besetzt und so Getreide- und Viehwirtschaft angekurbelt, um die Nahrungsmittelproduktion zu steigern.

Es gebe, so unser Gesprächspartner, ein Amt zur Reorganisation des Agrarsektors, in dem auch reaktionäre Kräfte seien, aber insgesamt sei es fortschrittlich. Man sei auf Reaktionäre angewiesen, weil Fachleute knapp seien.

Auch in dieser Region habe man versucht, die Kleinbauern und -bäuerinnen zu genossenschaftlicher Produktion zu bewegen.

Arbeitsrente sei abgeschafft worden, bei der der/die Pächter*in einen Teil der Woche auf dem Gut des/der Verpachtenden unentgeltlich zu arbeiten hatte. Es gebe nur noch Geldrente, d.h. Pächter*in gibt Geld an Verpachtende/n, verkauft also für den/die Verpachtende/n die Produkte. Und Produktrente, d.h. Pächter*in liefert einen Teil der Ernte ab.

Die Kleinbetriebe hier waren aber nicht nur von den Großgrundbesitzenden abhängig, sondern auch von einer Fabrik (Produktion von Tomatenkonzentrat), der teilweise der Boden gehörte. Kleinbäuerinnen und -bauern waren zum Teil so abhängig von der Fabrik wie Fabrikarbeiter. Die Fabrik kontrollierte z.B. auch die Wasserversorgung der Felder oder gab Kredite zum Kauf von Maschinen. Hinzu kam eine saisonale Unsicherheit bei allen Arbeitenden, da vor der Ernte viele Landarbeiter*innen gebraucht wurden und nach der Ernte viele Fabrikarbeiter*innen, ohne dass ein nennenswerter Austausch stattfand.

Frauenlohn lag ca. 50% unter dem der Männer. In der Fabrik arbeiteten ca. 250-400 Männer und Frauen zu gleichen Teilen.

Inzwischen sei die Fabrik von den Arbeiter*innen übernommen worden.

Unser Gesprächspartner bereitete uns auch schon auf unsere nächste Station vor, nämlich die Kooperative „Roter Stern". Sie bestehe aus zwei nicht zusammenhängenden Teilen (2200 ha und 800 ha). Der Landbesitz soll zur Zeit der Besetzung zu wenig bewirtschaftet gewesen sein und die Fleischkühe halb verhungert. Die PCP habe eine Landarbeiter*innen- und Bauern/Bäuerinnen-Versammlung organisiert, die einen Plan zur Wirtschaftsentwicklung ausarbeitete und zu Landbesetzungen ermunterte, die dann in der Form verwirklicht wurden, in dem die Bauern und Bäuerinnen mit ihren Maschinen aufs Feld zogen und es bearbeiteten.

Der Genosse Gesprächspartner betonte, die PCP organisierte die Versammlung, die Arbeiter*innen und Bauern/Bäuerinnen fassten die Beschlüsse selbständig. Auf spontane Aktionen der Bauern und Bäuerinnen zu warten, wäre unwirksam geblieben. Sie mussten schon ermuntert werden: „Geht los und macht!"

In einer Diskussion am Rande über das Problem des Analphabetismus wurde uns deutlich gemacht, dass man nicht lesen und schreiben können müsse, um ein politisch denkender und handelnder Mensch zu sein. Kürzlich sei z.B. eine Analphabetin in eine höhere Parteifunktion gewählt worden.

Cooperativa „Estrela Vermelha" (Kooperative „Roter Stern")

Gegen Einbruch der Dunkelheit trafen wir ein. Diejenigen, die auf den Feldern gearbeitet hatten, kamen gerade von den Feldern zurück: Freiwillige aus verschiedenen Ländern. An der Wand war in großen Lettern zu lesen: Nur diejenigen, die arbeiten, haben Anspruch auf Essen. Wir hielten uns an die Regel, die ja auch zum Schutz gegen Polit-Tourismus galt.

Leider war der Präsident der Kooperative nicht anwesend. Ein Französisch sprechender Portugiese kam nicht, obwohl er erwartet wurde. So waren wir auf diejenigen angewiesen, die schon mehrere Tage hier arbeiteten und Englisch oder Französisch sprachen. Ein deutschsprechender Niederländer war schon seit zwei Wochen hier im Einsatz. Die wesentliche Information entnahmen wir allerdings einer Wandzeitung in deutscher Sprache vom 30.8.1975:

Vor dem 25.4.74 waren etwa 20 Landarbeiter*innen hier beschäftigt. Hauptsächlich betrieb man Korkgewinnung. Die meisten Felder lagen brach. Der Eigentümer entließ nach dem 25.4. bis auf acht alle Landarbeiter*innen. Am 17.2.75 besetzten 200 Bauern und Bäuerinnen und arbeitslose Landarbeiter*innen ein Gut in der Nähe, das aber zu klein ist (600 ha), um alle Arbeitslosen zu ernähren. Also besetzte man dieses Gut.

Es hat 2118 ha. Korkgewinnung ist (noch) die Haupttätigkeit. Inzwischen wurden aber neue Felder angelegt: Reis, Tomaten, Mais, Weizen, Oliven. Dafür wurden Bewässerungsanlagen gebaut. Bei der Besetzung war praktisch kein Vieh vorhanden. Jetzt hat die CAEV (Cooperativa Agricultura Estrela Vermelha) 250 Kühe, 250 Ziegen und Kleinvieh. Es gibt neun Traktoren, einen Mähdrescher, zwei LKW und kleinere Maschinen. Der Maschinenpark ist teilweise neu, teilweise von den Bauern und Bäuerinnen mitgebracht. Es leben hier 80 Familien mit 125 Arbeitenden. Bis jetzt hat man zwei Kredite über zusammen drei Millionen Escudos erhalten.

Der Tageslohn beträgt für Frauen 120 Escudos, für Männer 160. Nach der Ernte, wenn das meiste Geld eingenommen wird, bekommen die Frauen einen Lohnausgleich, so dass sie dann den gleichen Lohn haben wie Männer. In der Praxis wird der Lohn noch nicht ausgezahlt.

Alle 14 Tage findet eine Vollversammlung aller Mitglieder der Kooperative statt. Drei Kommissionen werden für ein Jahr gewählt: Verwaltung, Handel und Absatz, technische Probleme. Inzwischen gibt es eine vierte Kommission, in der auch (im Unterschied zu den anderen Kommissionen) Frauen mitarbeiten, nämlich für Geldbedürfnisse. Hier werden Diskussionen über Bedürfnisse, die vorhanden sind, geführt. Es ist dabei gleichgültig, ob die Bedürfnisse begründet oder unbegründet sind. Für die begründeten Bedürfnisse muss Geld bereitgestellt werden.

Wir übernachteten im Stroh eines Schuppens.

Am nächsten Tag, dem **6.9.1975**, unseres beschwerlichen Weges nach Lissabon kamen wir durch **Grândola**, dem Dörfchen, das im Erkennungszeichen-Lied der Revolution „Grândola, vila morena" von José Afonso besungen wird. Das im Faschismus verbotene Lied erklang im Morgengrauen des 25. April 1974 als Erkennungszeichen für die aufständischen Militärs im katholischen Radio Renascença (siehe unten, 10.9.75) und wurde quasi zur Hymne der Revolution. Es gab wohl niemanden in unserer Gruppe, der/die nicht Gänsehaut bekam trotz sengender Hitze beim Betreten dieses Dorfes. Mir gelang es, ein Stück Borke von einer Korkeiche zu brechen. Ein unschätzbares Andenken bis heute.

Lissabon

Wir quartierten uns auf einem Zeltgelände ein und übernachteten in Militär-Mannschaftszelten, die wir zunächst gründlich säubern und herrichten mussten. Nachts hörten wir aus Richtung Benfica Schüsse, auch von Panzern. Die revolutionäre Lage war überhaupt noch nicht ruhig oder sicher.

Am nächsten Tag, **7.9.75**, waren wir in der **Clinica Popular Commuale Parturientes e Protecao à Infância**, Largo 5 de Cutubro (Palácio), Cova de Piedade, verabredet mit einer angehenden Medizinstudentin. Das Gespräch fand im zukünftigen Operationssaal statt. Bis jetzt sei die Klinik lediglich zur ambulanten Versorgung ausgestattet. Noch Ende des Monats September solle die stationäre Behandlung beginnen können.

Zwanzig Jahre lang habe der Palast leer gestanden und gehörte einem Fabrikanten aus Lissabon, bis die LUAR (Liga für revolutionäre Einheit und Aktion) ihn besetzte und am 28.2.75 die Volksambulanz eröffnete. In Lissabon gebe es noch zwei ähnliche Kliniken, die aber nicht gut funktionierten, da sie in bürgerlichen Vierteln lägen.

Täglich arbeiteten hier zwölf Ärztinnen und Ärzte und zehn Krankenschwestern. Bei den Konsultationen sei ein Sozialarbeiter dabei, der die sozialen Gründe von Krankheiten besonders abzuklären habe. Alle arbeiteten in ihrer Freizeit und ohne Bezahlung. Täglich kämen etwa 100 Patient*innen. Die Klinik finanziere sich durch Spenden, z.B. von Arbeiter*innen-Räten. So sei es möglich gewesen ein Röntgengerät anzuschaffen. Geld werde für eine Behandlung nur genommen, wenn der/die Patient*in etwas geben könne. Es werde sehr auf die Beziehung zwischen Patient*in und Arzt/Ärztin Wert gelegt und versucht, diese z.B. durch ein schwarzes Brett, auf dem Kritik auch anonym angebracht werden könne, ständig zu verbessern.

Mit Hilfe von Flugblättern trete die Klinik an die Bevölkerung heran. Im Wohnbezirk werde eine Kommission gebildet, die die Klinik verwalten solle. Die LUAR ziehe sich dann zurück.

Die Klinik sei notwendig, weil sich im Gesundheitssystem seit dem 25.4.74 noch kaum etwas geändert habe. Wenn jemand eine spezielle Untersuchung benötige, müsse er/sie diese bei der Krankenkasse beantragen und oft viele Monate warten. In der Volksambulanz werde jede/r sofort behandelt.

Am **8.9.75** kamen wir unangemeldet zur **Militärschule für Nachrichtendienst** und wurden bereitwillig ins (vorher Offiziers-) Kasino geführt. Unser Hauptgesprächspartner war ein Englisch sprechender Offizier. Es waren auch rangniedrigere Soldaten und einfache Rekruten anwesend. Unser Aufenthalt hier, einschließlich Mittagspause, dauerte fünf Stunden.

Früher seien die Offiziere ausschließlich aus der Bourgeoisie gekommen. Schon Mitte des Kolonialkrieges (1961-1974) in Afrika gehörten aber die meisten Offiziere ursprünglich unteren Schichten an. Diese Umstrukturierung sei erfolgt, weil die Armee mehr Offiziere brauchte als aus der Bourgeoisie zu holen waren. Das sei einer der Gründe, warum die Armee einen politischen Standortwechsel vollzog. Wichtiger sei wohl, dass viele Soldaten direkten Kontakt zu den Befreiungsbewegungen in Afrika hatten (Angola: MPLA, Mozambique: FRELIMO, Guinea-Bissao: PAIGC). Infolgedessen vermieden es die Truppen mehr und mehr, sich zu bekämpfen. Die portugiesischen Soldaten merkten immer mehr, dass dieser Krieg nicht ihr Krieg war. Sie erfuhren, dass die Freiheitsbewegungen nicht Krieg gegen Portugal, die Portugies*innen oder die portugiesischen Soldaten führten, sondern gegen den portugiesischen Kolonialismus. Gegen den waren die portugiesischen Soldaten aber selbst auch. So fand der Kolonialkrieg ein Ende.

Wir sprachen über die Frage der Volksbewaffnung. Otelo de Carvalho, einer der Hauptstrategen des Militärputsches und selbst in Mozambique geboren, wolle das Volk nur bewaffnen, wenn die Armee zu schwach sei, um die Revolution zu vollenden. Unser Gesprächspartner war der Auffassung, die Armee solle niemals Waffen ausgeben, um die Revolution voranzutreiben, sondern nur zur Verteidigung gegen den Faschismus. Die Bewegung der Streitkräfte umfasse aber das gesamte Spektrum von sozialdemokratisch bis extrem links.

Am **10.9.1975** diskutierten alle Mitarbeitenden von Massenmedien das neue Informationsgesetz. Wir hatten das große Glück und die Ehre, einen Gesprächs-Termin bei **Radio Renascença**, Rua Capelo 5, 2. Etage, bekommen zu haben. Die Übernahme des Senders durch die 30 Mitarbeitenden schon vor dem 25.4.74 war das Ergebnis 14 Monate andauernder Verhandlungen mit dem katholischen Eigentümer, der nicht bereit war, den Forderungen der Mitarbeitenden entgegenzukommen. Knackpunkt war die entschädigungslose Enteignung, die uns sehr konkret begründet wurde:

„Warum sollte ich dem Eigentümer z.B. für diesen Schreibtisch eine Entschädigung zahlen? Wenn er mir vorher meine Arbeitskraft angemessen bezahlt hätte, hätte ich mir garantiert selbst einen Schreibtisch gekauft. Er hat mich aber jahrelang ausgebeutet und den Wert des Schreibtischs längst wieder raus. Der Schreibtisch gehört also mir.“

Der Sender arbeitete seit der Revolution im Dienst des Stadtquartiers und arbeitete mit dem Stadtteilrat zusammen. Geld bekam er aus Spenden und für Werbung. Geworben wurde für Produkte , die in Kooperativen produziert wurden.

Gesendet wurde täglich rund um die Uhr. Die Hörendenzahl erreichte etwa eine Million. Der Arbeiter*innen-Rat des Senders tagte öffentlich und jede/r Anwesende war stimmberechtigt. Es gab einen Einheitslohn von 6000 Escudos, Verheiratete mit Kind/ern erhielten maximal 7000 Escudos. Erwirtschafteter Überschuss wurde in einen Fonds gezahlt, aus dem z.B. die innerbetriebliche Krankenzusatzversicherung bestritten wurde.

Dieses Modell bei Radio Renascença sei nicht auf Großbetriebe übertragbar, wurde uns erklärt. Dort müssten andere Formen der Demokratie erprobt werden.

In den nächsten beiden Tagen, **11./12. September 1975**, hielten wir uns in **Benfica** (Lissabon) auf.

Wir hatten ein Gespräch beim Mitglied des Stadtteilrats von Benfica Manuel Rodrigues Xavier, Rua Hélio do Rego, 4 A. Damals war er Verleger und Herausgeber von Büchern und bereits vor der Revolution PCP-Mitglied. Wegen eines Buchs über Gramsci habe er zwei Monate im Gefängnis verbracht. Er arbeitete eng mit dem ZK der PCP zusammen und verlege Bücher, die der aktuellen Kampfsituation angemessen seien.

Über Benfica und den Stadtteilrat erfuhren wir: Benfica habe 80.000 Einwohner*innen und gliedere sich in drei Teile. Ein Neubaugebiet werde von zwei Arbeiterstadtteilen umgeben. Im Neubaugebiet lebten kleine Händler*innen, Bänker*innen, Lehrer*innen. Seit 1940 sei Benfica im antifaschistischen Widerstand. Es gebe fünf Großbetriebe mit 600 bis 2500 Beschäftigte und zehn kleinere Betriebe. Streiks habe es schon 1951 gegeben. Danach habe sich die Geheimpolizei PIDE in den Fabriken festgesetzt. Schon vor dem 25.4.1974 sei die PCP stark gewesen. Dementsprechend sei die politische Arbeit des Stadtteilrats wegen des hohen Klassenbewusstseins der Einwohner*innen relativ leicht.

Am Abend um 21:30 h hatten wir die beeindruckende Gelegenheit, an der Sitzung des Stadtteilrats in einer alten Schule teilnehmen zu dürfen. Der Klassenraum war überfüllt von Alten und Jungen, die alle interessiert waren und von denen sich sehr viele an der Diskussion beteiligten. Sieben Mitglieder des Rats gehörten der PCP an, ein Mitglied der LUAR, eines der UDP (maoistische Unido Democático Popular).

Am **13.9.1975** trafen wir uns mit Vertreter*innen der **Frente Socialista Popular** (FSP), der Sozialistischen Volksfront, einer Linksabspaltung der PS, in der Rua de Passadico 86.

Uns interessierte das Verhältnis zur PS, die Haltung zur PCP und zur FUR (Revolutionäre Einheitsfront), und wir wollten noch mehr über das Rätesystem erfahren.

Über die Gründung der FSP erfuhren wir, dass es in der PS verboten gewesen sei, alternative Positionen zum PS-Mainstream zu diskutieren. Soares (hatte 1973 von der BRD-SPD und Willy Brandt unterstützt die PS gegründet, war PS-Vorsitzender und später Außenminister, Ministerpräsident und Staatspräsident) sei Antifaschist, aber kein Antikapitalist.

Hier sei eingeflochten, wie unterschiedlich die beiden deutschen Staaten die postrevolutionäre Entwicklung in Portugal beeinflussten. Während die BRD konterrevolutionäre Kräfte installierte, baute die DDR ihre Handelsbeziehungen aus und unterstützte ganz praktisch die Agrarreform durch Lieferung von Landmaschinen, Düngemittel etc. (Peukert, o.J.).

In Lissabon gab es 1975 30 Stadtteilräte/Bürger*innen-Räte. Arbeiter*innen-Räte hätten keine gesetzliche Grundlage und würden von der PCP mehr oder weniger dominiert, weil die Arbeiter*innen zu solcher Selbstbestimmung in Räten noch nicht fähig seien. Es gebe ein funktionierendes Beispiel des Rätesystems, und zwar arbeite ein Stadtteilrat mit einem Soldatenrat zusammen: Admistraçao Militar, Luminar (Campo Grande).

Die revolutionäre Einheitsfront sei keine Fusion, sondern stelle eine Reaktion auf die Offensive der Sozialdemokratie dar. Die PCP habe 100.000 bewaffnete Aktive, die christlich-liberale PPD 50.000 Aktive, die Gruppen der FUR hätten so wenig Aktivist*innen, dass sie nicht flächendeckend (auch auf dem Land) präsent sein könnten.

Damals gab es einen Aufruf der PCP und der Gewerkschaft zur Produktionsschlacht, d.h. mehr produzieren, um mehr Reichtum verteilen zu können. Unsere Gesprächspartner*innen äußerten sich skeptisch, weil sie darin eine Taktik sahen, Gegensätze in den Betrieben einzudämmen. Außerdem müsse in den privaten Fabriken kontrolliert werden, dass die Mehrproduktion nicht als Zusatzprofit in private Taschen flösse.

Notwendig sei eine revolutionäre Regierung, aber die Verfassung gebende Versammlung diskutiere Lächerlichkeiten.

Die revolutionäre Lage in Portugal am Ende der 1974er Nelkenrevolution zeigt, wie ernsthaft mit Optimismus und Skepsis, mit Begeisterung und Ernüchterung Menschen sich befreit fühlten vom Faschismus und mehr oder weniger unsicher und unerfahren ihre Geschicke in die eigenen Hände nahmen.

Gewaltsamer Umsturz führte zur Befreiung!

Liberal missbrauchte Offenheit / Openness als strukturelle Gewalt

Was sich heute als „liberal“ versucht zu verkaufen, ist beim genauen Hinschauen die Freiheit der Herrschenden, der materiell Starken, die sich einen schwachen Staat leisten können. Sie haben kein Interesse an regulierten Mieten, Arbeitsbedingungen, Autoverkehrsprivilegien etc. zum Schutz von Mieter*innen oder Arbeitenden. „Freie Fahrt für freie Bürger“ ist das Motto derjenigen, die ihre Ellbogen ausfahren und sich ohne Rücksicht auf Verluste (Kollateralschäden) den Weg bahnen. Charles Darwin hat es „struggle for life“ genannt. Teilhabe, Inklusion, soziale Gerechtigkeit sind in diesem Denken Fremdwörter.

Leider gehen auch jüngere Menschen den Verlockungen von Openness auf den Leim in sogenannten sozialen Medien, entmündigen sich wie Lemminge als Follower gegenüber ihren Influencer*innen. Der Anteil jüngerer Wähler*innen, die FDP wählen, ist entlarvend hoch. Früher sagten wir: Nur dumme Kälber wählen ihre Schlächter selber! Bei den Bundestagswahlen 2021 wählten 23% der Jungwähler*innen die FDP. Keine andere Partei erhielt mehr Jungwähler*innen-Stimmen! Aus keiner Altersgruppe erhielt die FDP mehr Stimmen als aus der Altersgruppe 1997-2003, nämlich 20,5%. Das Wahlergebnis für die FDP betrug demgegenüber nur 11,5%.

Der 32. Weltkongress der Psychologie in Prag 2020 (Corona bedingt virtuell 2021) stand unter dem Motto „Open Minds, Societies and the World“.

Ich hatte die Ehre dort einen Beitrag zu leisten (Mucha 2021), in dem ich mich kritisch mit angeblicher Offenheit auseinandersetzte.

Meine Hauptpunkte sind:

- Offenheit muss gefüllt werden, und zwar mit ethischem Inhalt. Ohne Inhalt ist Offenheit eine hohle Hülse und kann missbraucht werden.
- Die zentrale Frage ist: Offenheit für wen?
- Solange es keine soziale Gerechtigkeit gibt, bleibt die sogenannte Offenheit für jedermann die Freiheit der Herrschenden (siehe Althusser 2019).
- Die Welt kann nur gerettet werden mit ökologischer und ökonomischer Eindeutigkeit und nicht mit unbegrenzter Offenheit oder Toleranz!

Heute möchte ich einen Punkt hinzufügen, der den Geist der 12-Punkte-Positionen Chinas hinsichtlich des Beendens des Krieges in der Ukraine aufgreift und insbesondere auch die Veröffentlichung des chinesischen Außenministeriums zum US-amerikanischen Imperialismus (Ministry of Foreign Affairs of People’s Republic of China 2023 und 2023a). Darin analysiert und kritisiert das Außenministerium, dass sich die USA „immer dreister in die inneren Angelegenheiten anderer Länder eingemischt, ihre Hegemonie angestrebt, aufrechterhalten und missbraucht, Subversion und Infiltration vorangetrieben und vorsätzlich Kriege geführt (habe), die der internationalen Gemeinschaft Schaden zufügen“ (Ministry ... 2023a, S. 2). Diese entgrenzte Gewalt-Politik gilt es zu stoppen. Diese Art von Offenheit, nämlich Grenzenlosigkeit, Grenzüberschreitung, sogar noch ideologisch gerechtfertigt mit dem angeblichen Ziel „regelbasierter Werte-Ordnung“ ist das eklatante Beispiel erduldeter Gewalt. An die Stelle muss treten:

- „Zurückhaltung üben, vermeiden, die Flammen zu schüren und Spannungen zu verschlimmern, und verhindern, dass sich die Krise weiter verschlechtert oder sogar außer Kontrolle gerät“ (Ministry ... 2023, Punkt 3).

Wie gesagt: Offenheit ist nicht unbedingt ein sinnvolles Ziel oder eine erstrebenswerte Haltung.

Offenheit, ein hohles modernistisches Schlagwort

Es muss konkret mit Inhalt gefüllt werden, um nicht als hohles modernistisches Schlagwort systemstabilisierende Funktion zu erfüllen oder auch offen zu sein für faschistische Feinde der Demokratie. Siehe Dahrendorfs Auseinandersetzung 2002 mit Popper und dessen widersprüchlichem Gebaren zu seinem eigenen Werk „Open society“ 1945 und Poppers Sprunghaftigkeit (Desorientierung) hinsichtlich politischer Einschätzungen. Schließlich kommt Dahrendorf zu dem Schluss die „offene Gesellschaft“ sei lediglich ein Skelett, dem ein Körper gegeben werden müsse.

„Open mind“ kann also ein Zeichen für Desorientierung sein. Eine offene Gesellschaft wäre wertlos, ohne Werte der Willkür/-lichkeit ausgeliefert.

Globalisierung ist ja nicht nur ein Segen wegen weggefallener Grenzen, sondern auch ein Fluch. Die Offenheit des World Wide Web verursacht mindestens so viel Schaden wie es Nutzen bringt.

For Future - Bewegungen

Solange die verschiedenen „for future“ – Initiativen (z.B. Psychologists4F oder Scientists4F), die sich in Folge der Fridays for Future gebildet haben, nicht radikal denken und handeln, werden sie naiv und wirkungslos bleiben. Die Welt kann nicht gerettet werden, ohne das Ausbeuten der Natur zur Profitmaximierung zu beseitigen. Verzweifelte Aktionen wie die der „Letzten Generation“ wirken eher sado-masochistisch hoffnungslos.

Deshalb brauchen wir auch keine „deals“, weder „green deals“ noch „new deals“. Der Kapitalismus ist zu überwinden, alles andere sind faule Kompromisse. Zu beobachten ist dieses Trauerspiel täglich in der EU bzw. in der BRD-Regierung, in der scheinliberale Automobil- Lobbyist*innen, staatstragende ehemals Grüne und kompromissgewohnte Sozialdemokrat*innen immer wieder den Kniefall vor dem sogenannten „Markt“ praktizieren.

Naomi Kleins „Green New Deal“ (2019) greift zu kurz und ist im Kern ja seit 50 Jahren bekannt (Meadows 1972) als „Report for the Club of Rome’s Project on the Predicament of Mankind“.

Wie Lemminge (ein Trauerspiel)

Ein Beispiel für die Gefährlichkeit von Offenheit zeigte sich, als die Grenzen zwischen der DDR und der BRD fielen. Damals stieg die Zahl der Verkehrstoten um 40%. Ein Grund war wohl die fehlende Kompetenz, mit schnellen Autos umgehen zu können. Damals waren die Medien voll von diesen traurigen Berichten. Die Menschen konnten nicht angemessen sicher mit der grenzenlosen Freiheit umgehen. Einfach nur Sprüche in die Welt zu posaunen wie „Turn down the wall" (Reagan) war zu simpel gedacht vom Präsidenten des sogenannten Landes der unbegrenzten Möglichkeiten USA.

„Freie Fahrt für freie Bürger" ist ein ebenso demagogischer Slogan der Automobillobby gegen Geschwindigkeitsbegrenzungen und ein Beispiel tödlicher Offenheit.

Ein Sprichwort

In Deutschland gibt es einen Spruch: Wenn Du nach allen Seiten offen bist, dann kannst Du nicht ganz dicht sein (im Sinn von mental nicht gesund, also dumm). Es ist ein Wortspiel über fehlende Dichtungen, Lecks (nicht wasserdicht).

Und damit wird die Empfehlung ausgedrückt, dass es wünschenswert ist, Flagge zu zeigen, einen klaren Standpunkt einzunehmen, sich abzugrenzen, Kontur zu zeigen.

Wendehals

Desorientierte Menschen, die öfter mal ihre Meinungen wechseln wie ihre Unterwäsche, nennt man in Deutschland Wendehälse.

Der gleichnamige Vogel Jynx torquilla kann seinen Kopf außerordentlich ungewöhnlich drehen.

Menschlichen Wendehälsen kann man nicht vertrauen. Ihr Wort bedeutet nichts. Siehe Dahrendorfs (2002) Schwierigkeiten, Popper und seine wechselhaften Meinungen zu verstehen.

Psychologie hat eine professionelle Verantwortung

Besonders in Zeiten offener, unsicherer, willkürlicher politischer Entwicklungen benötigen Menschen mindestens rettende Strohhalme, Geländer, die ihnen Sicherheit bieten, wenn sie fürchten, den Boden unter den Füßen zu verlieren. Der Zulauf überforderter Menschen hin zu Rattenfängern und Verschwörungserzählenden macht deutlich, wie groß das Versagen der traditionellen Parteien ist.

Psychologie hat eine Verantwortung, Menschen zu unterstützen, Selbstvertrauen und Selbstsicherheit zu entwickeln oder wieder zu finden, um gesund zu bleiben. Als Psychologe habe ich jahrzehntelang Projekte durchgeführt, Befragungen und Maßnahmen unterstützt für die Gesundheit pädagogischen Personals und zum gesunden Umgang mit Stress und Überforderung in Schulen und Kindertagesstätten und in öffentlichen Verwaltungen (Mucha 1989, 2020b).

Frühzeitiges Ausscheiden aus dem Arbeitsleben

Nahezu die Hälfte der Frühverrentungen werden aus psychischen Gründen notwendig.

Ein Beispiel ist das arbeitsbezogene **Verantwortungsdilemma**, das die Gesundheit gefährdet.

Wir fanden positive (!) signifikante Korrelationen zwischen dem Defizit der Work-Life-Balance und der Arbeitszufriedenheit. Diese empirisch gefundene Tatsache überraschte sehr, so dass wir anfänglich dachten, es könnte ein statistischer Rechenfehler vorliegen. Die Lehrer*innen selbst erklärten uns, dass es ein Zeichen sei für Verausgabungsbereitschaft oder Selbstausbeutung.

Vielfalt z.B. in Schulen ist ein Beispiel für Offenheit und kann als Bereicherung in der Arbeit und in der Gesellschaft gesehen werden.

Aber Vielfalt wird als Last wahrgenommen, weil die entsprechenden Mittel, die Ausstattung nicht zur Verfügung gestellt wird, um Vielfalt leben zu können. Außerdem kann überhaupt keine sichere Routine entwickelt werden, wenn permanent Reformen politisch von oben verordnet werden.

Engagierte Kolleg*innen fühlen sich überfordert (Stress, Burnout), missbraucht (Verantwortungsdilemma) und stellen resigniert sinnvolle Konzepte wie Offenheit, Flexibilität, Inklusion und Vielfalt in Frage.

Es besteht so das Risiko eines Roll-Backs zu einer rigiden Gesellschaft (closed society) und nicht zu einer offenen.

Wenn qualitativ oder quantitativ hohe Anforderungen in der Arbeit gestellt werden, aber die Voraussetzungen zum Bewältigen dieser Anforderungen nicht zur Verfügung stehen, liegt ein **Verantwortungs-Dilemma** vor, **das** auf Dauer **krank macht**.

Der Januskopf der Offenheit

Mir kommt es hier auf diese dunkle Seite (quasi das dunkle Gesicht des Januskopfes) der Offenheit an, die in der Arbeitswelt und im Bereich Organisationspsychologie anzutreffen ist. Meine Erfahrungen speisen sich aus Jahrzehnten beruflicher Tätigkeit in Forschung, Lehre, Beratung, Psychotherapie (ambulant und stationär) und auch ehrenamtlicher Arbeit für Geflüchtete, für studierende Arbeiterkinder, für funktionale Analphabet*innen am Arbeitsplatz, für Obdachlose.

Persönlichkeitsentwicklung in der Arbeit erfordert gesund-*regulierte* Arbeitsbedingungen und keine dereguliert-offenen (Hacker & Sachse 2014, Mucha 1989, Mucha 2022).

Psycholog*innen sind politische Subjekte

Psychologische Profis müssen sich bewusst sein, dass die Funktion und Konsequenz scheinbar offener Neutralität systemstabilisierend wirken. Sie müssen diese sogenannte Offenheit überwinden zugunsten von Empowerment, persönlicher Verantwortungsübernahme, Selbstwirksamkeit, Solidarität, Unterstützung von Menschen zu deren Selbsthilfe in ihrer psychologischen Landschaft (der Depression und des verlorenen Sinns), siehe Dörner 2019, auch Mucha 2023.

Gesunde Arbeit ist nicht entfesselte, neoliberal deregulierte Arbeit.

Rettet die Welt! Arbeitet gesund! Bekämpft Ausbeutung!

Narrenfreiheit in sogenannten „sozialen“ Medien, die tatsächlich unsozial sind, zum Verbreiten von Fake News ist falsche Offenheit (siehe u.a. Trumps permanente Verbreitung von Lügen, aber auch das Verbreiten von Verschwörungs-Hirngespinsten).

Die sogenannten Querdenkenden (insbesondere während der Corona-Pandemie) mit ihren irrationalen Verschwörungsgeschichten nutzen Offenheit aus und missbrauchen den Begriff und das Konzept kreativen Denkens.

Hemmungslos unbegrenzte Ausbeutung von Mensch und Natur durch kapitalistische Profitgier muss gestoppt werden!

Arbeit im Kapitalismus erfordert Regulation, um Gesundheit zu schützen.

Dialektik von Sein und Bewusstsein, von realen Möglichkeiten und begrenztem Handeln

Manchmal wird Gedankenfreiheit im positiven Sinn von Freiheit, Gleichwertigkeit und Solidarität ins Feld geführt gegen politische, religiöse, gesetzliche Einschränkung.

Aber: Es gibt gesetzliche Bestimmungen oder politische Programme, sogar religiöse Gebote, die viel weiter gehen (im Sinne von Offenheit, Gedankenfreiheit, über den Tellerrand hinaus) und noch nicht einmal erfüllt sind oder ausgeschöpft werden von kleinkariert-unterbelichteten, engstirnigen Entscheider*innen.

Das wäre aber ein weiteres Kapitel.

Schöne, neue, digitale Welt: Bunte, virtuelle Missbrauchs-Dominanz

Die Neue Gesellschaft für Psychologie veranstaltete 2020 die Jahrestagung zu Digitalisierung. Mir war es eine große Ehre, dort einen Workshop durchführen zu können. Der folgende Text enthält die wesentlichen Inhalte meines damaligen Beitrags.

In der globalisierten Welt kommt es darauf an, die Natur zu retten (vgl. Schatalova 1997 /2009), Frieden zu schaffen, Hunger zu bekämpfen, Bildung für alle zu ermöglichen. Diese Menschheitsaufgaben sind nicht unter kapitalistischen Bedingungen zu lösen. Kapitalismus ist nicht die Antwort, sondern die Ursache der Probleme (vgl. Ziegler 2017). Die Schere zwischen User*innen, besser Nutznießer*innen der Digitalisierung und funktionalen Analphabeten wird durch die Digitalisierung nicht geschlossen, sondern weiter auseinandergehen. Deshalb ist gesellschaftlicher Wandel erforderlich, um die Not zu wenden. Gesellschaftlicher Wandel bedeutet die Überwindung des kapitalistischen Ausbeutungssystems. Im Vergleich dazu ist Digitalisierung eine Nebensache, die es zu gestalten gilt.

Man könnte Digitalisierung als Schockreaktion oder „Realitätsschock“ (Lobo 2019) sehen, die keine dieser Aufgaben löst, solange der kapitalistische Rahmen nicht gesprengt wird. Das Zusammenleben wird durch Digitalisierung unter den herrschenden Bedingungen möglichst optimal dienstbar gemacht. Das gilt in extremem Maß auch für den Kapitalismus in China.

Wer will welche „Schöne neue Welt“ (Huxley 1932/1992) und bis wann erschaffen? Orwells „1984“ (1949) ist bereits Geschichte, Huxley denkt bis 2540, und Veronica Roth (2013) lässt ihre kastenähnlichen Fraktionen in einer gar nicht so fernen Zukunft ihrer jeweiligen „Bestimmung“ folgen.

Digitalisierung, naiv betrachtet, dient der Optimierung verschiedener Prozesse, wie die (elektronische) Schreibmaschine und dann der Personal Computer dem Erstellen von Texten. Aber: So gefährlich das Gewinnen von Energie durch Atomkraft und der militärische Missbrauch sind, so gefährlich ist auch der schlecht kontrollierte Einsatz digitaler Technologie im Dienst undemokratischer und ausbeuterischer Machtverhältnisse. Hawking (2018) hält sogar ein digitales Hiroshima für verheerender, wenn nämlich Künstliche Intelligenz nicht mehr von Menschen zu kontrollieren sein wird.

Der Hype um Digitalisierung, „smart Homes“ und Ähnliches sowie um Künstliche Intelligenz zeigt einerseits, dass der Kapitalismus versucht, noch die letzten Tropfen aus der Erde zu pressen oder sich selbst zu retten. Andererseits wird dadurch auch die Skrupellosigkeit deutlich, mit der der Kapitalismus analoge Mitmenschlichkeit bereit ist zu opfern und zu zerstören.

Es gibt berechtigte Bedenken aus Gewerkschaftskreisen hinsichtlich der Gefahr wegfallender Arbeitsplätze und Arbeitsaufgaben, die möglicherweise von Künstlicher Intelligenz übernommen werden könnten. Neue Tätigkeiten werden entstehen, für die allerdings ausgebildet, umgeschult, qualifiziert werden muss. Der große Bereich Datenschutz, Big Data, Cyber-Attacken – sowohl technologischer, wirtschaftlicher als auch militärischer Art – bildet einen, wenn nicht den Schwerpunkt verschiedener naturwissenschaftlich dominierter Ethikkommissionen Konferenzen, Symposien, Aktionsprogramme, Agenden et cetera.

Mir geht es um mehr Aufmerksamkeit für psychologische Aspekte, qualitative Veränderungen von Denken, Fühlen, Interaktion, Kommunikation, Beziehungen, Entscheidungsspielräumen, Freiheitsgraden, um Kontrolle und Ausgeliefertsein, Ohnmachtsgefühle. Ob aus einer solchen kritischen Auseinandersetzung mit Digitalisierung die Chance entwickelt werden könnte, einen Wandel unserer Gesellschaft zu mehr analoger Humanität zu bewirken, das liegt an uns, solange wir noch in der Lage sind, als reflexive Subjekte unsere natürliche Intelligenz zu gebrauchen. Wie humaner gesellschaftlicher Wandel aussehen sollte, muss nicht neu erfunden, sondern realisiert werden: Freiheit, Gleichberechtigung, Solidarität.

Wir sollten mehr darüber nachdenken, welche gefährlichen Technologieentwicklungen um sich greifen, und analoge Spuren hinterlassen, die uns professionell oder persönlich betreffen (im Bildungs-, Gesundheits- und Pflegewesen, im Tourismus und Verkehrswesen, in der Wirtschaft und im Alltag), und welche Aufgaben auf der Tagesordnung stehen, die möglicherweise nur angemessen human mit analog weiterzuentwickelnden Bemühungen zu bearbeiten sind, eventuell mit digitaler Unterstützung.

Sind wir Menschen wirklich so dumm, dass wir uns von Formen künstlicher Intelligenz humanen Wandel erhoffen? Kann künstliche Intelligenz denn intelligenter sein als Menschen, die sie herstellen und programmieren? Stellen wir uns möglicherweise künstlich dumm, da wir es eigentlich besser wissen müssten, wenn wir wirklich intelligent wären beziehungsweise unseren gesunden Menschenverstand gebrauchen würden? Ist also der Hype um Digitalisierung und Künstliche Intelligenz vielleicht doch eine bewusst inszenierte Künstliche Dummheit?

Und welche Rolle wollen wir Psycholog*innen in dem Machtspiel besetzen? Wir sollten nicht sinn- und bewusstlos mitmachen, sondern die Sinnfrage bewusst stellen und uns um Antworten bemühen (vgl. Bruner 1990/1997).

Digitalisierung, Algorithmisierung, Künstliche Intelligenz, Cyborgs, Androide

Was ist das Problem? Die Gesellschaft im Sinne der »Negation der Negation« zu verändern ist ein permanenter Prozess. Wenn Veränderungen zu mehr Freiheit, Gleichwertigkeit und Solidarität führen, sind sie aller Ehren wert. Steht Digitalisierung für diese Zielwerte? Oder geht es bei der Digitalisierungsoffensive darum, Digitalisierung um ihrer selbst willen zu betreiben: Als Mittel der Profitmaximierung und Effizienzsteigerung, der rücksichtslosen Ausbeutung von Mensch, Tier, Natur, Planet Erde?

Digitalisierung hat eine längere Geschichte und erleichtert prinzipiell viele Arbeitsprozesse und auch das Alltagsleben. Wenn mich Algorithmen allerdings nötigen wollen, bestimmte Produkte zu kaufen, dann schlägt Entlastung um in Belastung. Wenn aus meinen persönlichen Daten intransparent Profile erstellt werden und ich diese heimlichen Prozesse nicht kontrollieren kann, dann werde ich manipuliert, missbraucht, zum Objekt herabgewürdigt. Meine Menschenwürde wird verletzt, meine psychische Gesundheit beschädigt oder zumindest gefährdet.

Künstliche Intelligenz erinnert an alte Sehnsüchte nach Omnipotenz und Unsterblichkeit. Die Fantasien reichen von Homunculi (vgl. Völker 1971) über Frankensteins Monster in Mary Shelleys Frankenstein (vgl. Shelley 1818/1968) bis hin zur »Hyperintelligenz « (Lovelock 2018/2020)[1]. Nathanael verliebt sich in E. T. A Hoffmanns „Der Sandmann" in die automatisierte Holzpuppe Olimpia, die er für eine Frau hält (vgl. Hoffmann, 1816/1820), und die Sehnsucht nach Beseelung einer vom Menschen erschaffenen Skulptur wird uns in Ovids „Metamorphosen" am Beispiel Pygmalions und seiner »Elfenbeinjungfrau« (Ovid 800/1997, S. 260) erzählt.

Die von Ben Goertzel (für die Firma Hanson Robotics) entwickelte Androidin Sophia, die vor der Vollversammlung der Vereinten Nationen sprach, oder Hiroshi Ishiguros Androiden-Klon, der für seinen Schöpfer um die Welt reiste und Vorträge hielt, sind ebenso wie Cyborgs oder Hightech-Ersatzkörperteile lediglich Zwischenschritte auf dem weiteren Weg hinter den Horizont, wo Mensch und Maschine verschmelzen.

Aber werden durch all diese technologischen Entwicklungen die Aufgaben gelöst, die sich der Menschheit stellen beziehungsweise die sie sich selbst stellt? Wird verhindert, dass unser Planet verbrennt? Werden alle Menschen sich satt essen und sauberes Wasser trinken können? Hat jeder Mensch eine bezahlbare Wohnung und ein Arbeits- oder Grundeinkommen? Gibt es für alle ein Gesundheitssystem von Prävention über Behandlung bis hin zur Nachsorge? Haben alle Zugang zu Bildung und Kultur? Werden Kriege verhindert? Wird der Liebe eine Chance gegeben?

Dort, wo Digitalisierung Menschen von monotonen Routinearbeiten entlasten und ihnen den Kopf frei machen kann für schöpferische Tätigkeiten, könnte sie ein Segen sein, also eine gesunde Innovation. Ebenso bei der diagnostischen Assistenz im medizinischen Bereich, solange die Rollenverteilung klar bleibt. Die Maschine wertet große Datenmengen aus beziehungsweise vergleicht diese nach von Menschen programmierten Kriterien. Der Mensch nutzt diese digitale Zuarbeit, zieht seine Schlüsse daraus und entscheidet (siehe auch Mucha 2020c).

Aber die Entwicklung geht inzwischen viel weiter. Weber-Guskar (2020) problematisiert sehr differenziert die technologische Weiterentwicklung hin zu »künstlicher Empfindungsfähigkeit« von Robotern und den damit verbundenen juristischen Konsequenzen.

---

[1] »Das Revolutionäre an diesem Moment ist, dass die Versteher der Zukunft keine Menschen sein werden, sondern >Cyborgs<, [...] die sich aus den Systemen künstlicher Intelligenz, die wir bereits entwickelt haben, selbst entwerfen und erschaffen werden. Diese Wesen werden bald tausend und schließlich Millionen mal [sic] intelligenter sein als wir« (Lovelock, 2018/2020, S. 46).

Das Europäische Parlament fordert in seiner Entschließung über „Zivilrechtliche Regelungen im Bereich Robotik" vom 27.1.2017

„[...] die Kommission auf, bei der Durchführung einer Folgenabschätzung [...] langfristig einen speziellen rechtlichen Status für Roboter zu schaffen, damit zumindest für die ausgeklügeltsten autonomen Roboter ein Status als elektronische Person festgelegt werden könnte, die für den _Ausgleich sämtlicher von ihr verursachten Schäden verantwortlich wäre [...]" (Europäisches Parlament 2017, S. 18f).

Zu prüfen sei außerdem »die Anwendung einer elektronischen Persönlichkeit auf Fälle, in denen Roboter eigenständige Entscheidungen treffen oder anderweitig auf unabhängige Weise mit Dritten interagieren«. Das zeigt einerseits, wie verantwortungsbewusst gedacht wird, andererseits aber auch, wie weit die technologische Entwicklung vorangeschritten ist. Ist das gesunde Digitalisierung? Autonome Waffensysteme, Killer-Roboter, Kriegsdrohnen? Stephen Hawking sagt dazu eindeutig: »Der ideale Augenblick, um das Wettrüsten mit autonomen Waffen zu beenden, ist: Jetzt! Sofort!« (Hawking 2018, S. 212).

Wenn Digitalisierung differenziert-kritisch beeinflusst werden soll, dann geht das nur durch betroffene Beteiligte und auf wissenschaftlicher Grundlage. (Selbst-) reflexive Subjekte, die Vorteile von Digitalisierung als technologische Entwicklung nutzen und gleichzeitig Gefahren von Digitalisierung erkennen, benennen und zu beseitigen versuchen, haben eine größere Chance, gehört zu werden und erfolgreich zu sein bei der Humanisierung der Digitalisierung. Umso leichter gelingt das Sichern analog-humaner Begegnungen, warmer Kommunikation und sinnlicher Erfahrungen, Auge in Auge. In Zeiten der politisch angeordneten Maßnahmen gegen die Corona-Pandemie wird reale Nähe vermisst, zum Beispiel das Trösten, indem man sich in den Arm nimmt, das Zeigen von Zuneigung durch Küssen, sogar das gemeinsame Beten in der religiösen Gemeinde. All das und noch viel mehr an nichtvirtueller, real-analoger Interaktion und Kommunikation könnte durch diese authentische Doppelstrategie aus kritisch-digitalem User-Sein und analog-reflexivem Bewusstsein human weiterentwickelt werden. Digitale Technologien sollten auch von antikapitalistischen Organisationen oder Initiativen als Werkzeug benutzt werden, wenn sie die Arbeit erleichtern.

Qualitative Veränderungen durch Digitalisierung

Es besteht die Gefahr qualitativer Veränderungen umfassender Lebensbereiche – und zwar nicht im Sinne der skizzierten großen Fragestellungen, die es zu beantworten gilt –, welche nur als Rückschritte, ja als Degeneration zu kennzeichnen sind. Im psychosozialen Beziehungsraum ist davon auszugehen, dass Interaktion und Kommunikation zwar quantitativ zunehmen im Sinne von Chatterei, Twitterei, Shitstorm, aber emotionale oder kognitive Tiefe qualitativ auf der Strecke bleiben.

Als Psycholog*innen wissen wir, dass die Grundlagen unserer Arbeit emotionale Aspekte sind, die in unseren professionellen Beziehungen, sei es in der Psychotherapie, in der Organisationsberatung oder in der Hochschullehre, eine fundamentale Bedeutung haben. Sie entscheiden darüber, ob unsere Bemühungen Früchte tragen und diese therapeutischen, beraterischen und pädagogischen Beziehungen ein vertrauensvoll-authentisches Fundament erhalten oder nicht. Und das gilt auch im privaten Bereich. Die Farbnuancen von Empathie, Mitgefühl, Freude, Trauer, Sympathie, Liebe werden analog erlebt und sind nicht digital codierbar, berechenbar, schwarz-weiß (als 1 oder 0) abbildbar.

Wie wandelt sich unsere Kultur-Gesellschaft, wenn digital komponiert wird oder Gemälde digital entstehen? Welchen humanen, schöpferischen Wert haben „Werke", die von ChatGPT reproduziert werden? Digitalisierung im Bildungsbereich ist von Vorteil, aber unser Denken und Lernen erfolgt nicht digital. Kognitive und cerebral-physiologische oder gar anatomische Entwicklung sollte (darf!) nicht digital geschädigt werden.

Künstliche Intelligenz, Roboter, Androide, Humanoide könnten möglicherweise die „besseren Menschen" sein, ohne Fehler, ohne Anpassungsschwierigkeiten, ohne Interaktions- und Kommunikationsprobleme, auch ohne Streikrecht oder Arbeitszeitbegrenzung und ohne Urlaubsanspruch et cetera?! Diese illusionäre Perspektive führt in die Sackgasse. Künstliche Intelligenz als Beziehungspartner*innen, Sexobjekte, im Pflegeheim, in häuslicher Pflege (vgl. Devillers 2018), auf Flughäfen, an der Hotelrezeption, als Paket- oder Postzustellende oder auch als Haustier-Ersatz sind mehr oder weniger perverse Fehlentwicklungen. Es kommt doch darauf an, unsere zwischenmenschlichen Aufgabenstellungen nicht an Künstliche Intelligenz zu delegieren, sondern unsere sozial-emotionale Intelligenz zu verbessern und unser bewusstes Handeln zu humanisieren.

Die Datenethikkommission der Bundesregierung hat ihr ausführliches Gutachten 2019 vorgelegt, in dem entsprechend dem Auftrag „Leitlinien für den Schutz des Einzelnen" und zur „Wahrung des gesellschaftlichen Zusammenlebens" formuliert sind. Es liest sich wie der Beipackzettel von Medikamenten. Beipackzettel schrecken so ab, dass man sich am liebsten auf natürlichem Weg und nicht chemisch kurieren möchte. Ähnliche Gedanken kommen auf beim Lesen des Ethik-Gutachtens: Am besten, man entwickelt die Kultur des Zusammenlebens und Zusammenarbeitens analog auf ein zivilisiert-humanes Niveau und begibt sich nicht auf das Glatteis von Digitalisierung und Künstlicher Intelligenz. Die Kommission ist einseitig besetzt. Eine einzige Master-Psychologin, die auch promovierte Philosophin ist, gehört zu dem selektierten Kreis, der dominiert wird von Jurist*innen, Informatiker*innen, Mediziner*innen. Und auch der Präsident des Bundesverbandes der Deutschen Industrie darf dort Einfluss nehmen!

Die Hoffnung, dass das, was wir Fehler behafteten Menschen („Irren ist menschlich", Dörner et al. 2019) im Kleinen wie im Großen hinsichtlich Interaktion, Kommunikation, Kooperation, Mitmenschlichkeit, Gerechtigkeit nicht besser hinbekommen, aber die Künstliche Intelligenz schon besser machen soll, wird sich als Illusion herausstellen (ausführlicher Mucha 2020c). Schon heute verschwimmen Grenzen, wenn wir nicht sicher sein können, ob wir mit einer Maschine (Anrufbeantworter, Sprachsysteme, Chatbots) sprechen oder mit Menschen. „Der Digitalismus und der Kapitalismus ... erheben beide die Virtualität in den Rang der maßgeblichen menschlichen Wirklichkeit ... Der virtualisierte Mensch ... ist der Pauper der Jetztzeit" (Voßkühler 2020). Welche Auswirkungen wird es haben, wenn Kinder permanent hören, wie die Bezugsperson, die sie im Kinderwagen schieben, redet und redet und redet, aber gar nicht mit dem Kind im Kinderwagen spricht, sondern mit irgendwem am Mobiltelefon? Welche Auswirkung wird es haben auf Bindung, Vertrauen, Selbstwertgefühl, Aufmerksamkeit etc.? Welche Auswirkungen haben humanoide Roboter im Altenpflegeheim auf das sozial-emotionale Empfinden der zu Pflegenden oder auf ihr Kommunizieren, verbal, taktil und per Blickkontakt? Diese Risiken und Nebenwirkungen, diese Kollateralschäden, gilt es zu untersuchen und gegebenenfalls zu verhindern. Vor dieser „Robotisierung ... in vielen Berufen, die bislang durch einen hohen Umfang an kognitiven Tätigkeiten gekennzeichnet sind", warnt Birgit Mahnkopf und nennt unter anderem den Pflegebereich (vgl. Mahnkopf 2020, S. 139).

Menschen müssen immer die Macht haben, Maschinen abzuschalten. Notfalls müssen sie den Stecker ziehen können. Stephen Hawking appelliert 2018 sicherzustellen, „dass Computer Ziele verfolgen, die auf einer Linie mit unseren Zielen liegen". Und er formuliert seine „Angst, ... zukünftig könnte KI einen eigenen Willen entwickeln, der zu unserem Willen im Widerspruch steht" (ebd., 208ff).

Wir Menschen bleiben verantwortlich dafür, welches digitale Programm Künstliche Intelligenz in moralischen Entscheidungssituationen abspult, und zwar nach den Algorithmen, die Menschen programmiert haben beziehungsweise nach den Trainings, die Menschen der Künstlichen Intelligenz ermöglichen. Nur das kann dabei herauskommen, was wir in die Maschine an Ethik hineinstecken. Und das ist die entscheidende, ganz praktische philosophische Frage. Die Antwort muss sein: Erst denken, danach handeln!

Wie dumm ist Künstliche Intelligenz? Was ist künstliche Dummheit (vgl. Welzer 2019)? Ist beides möglicherweise identisch? Fällt uns unsere Dummheit auf die Füße, wenn wir der Illusion nacheifern, Künstliche Intelligenz zu schaffen, die all unsere Aufgaben lösen soll? Stellen wir uns künstlich dumm und produzieren digital Dummheit anstelle von Intelligenz? Verdummt uns diese digitale Intelligenz, wenn oder weil sie uns Entscheidungen abnimmt, Denken abnimmt, Freiheit nimmt? „Die Gedanken sind frei", dann aber nicht mehr!

Der neue Odysseus, den Klaus-Jürgen Bruder auf dem Kongress der Neuen Gesellschaft für Psychologie 2020 eingefordert hat, sollte einer sein oder sollten besser viele sein, die mit offenen Augen und ungefesselt sich tatkräftig den bezirzenden Verlockungen der „Destruktionskräfte" (Marx & Engels 1845/1969, S. 69)[3] entgegenstellen,

[3] »In der Entwicklung der Produktivkräfte tritt eine Stufe ein, auf welcher Produktionskräfte und Verkehrsmittel hervorgerufen werden, welche unter den bestehenden Verhältnissen nur Unheil anrichten, welche keine Produktionskräfte mehr sind, sondern Destruktionskräfte« (Marx & Engels 1845/1969, S. 69).

wenn Digitalisierung psychosozial-pädagogisches Leben und Kommunikation, Interaktion, Kooperation in Familie, Freizeit und Arbeitswelt degenerativ zu entwerten, zu primitivieren, zu zerstören droht.

In diesem Sinne die Augen öffnend entlarvt Voßkühler 2020 die Funktion von Digitalisierung als Werkzeug für die „transhumane - den Menschen hinter sich lassende – Entwicklungsetappe“ des Kapitalismus. Und auch Mahnkopf (2020) kritisiert diese Destruktionskräfte als „falsche Versprechen, die gerade zum Gegenteil dessen führen, was sie zu erreichen vorgeben“ (ebd., S. 135).

Jede/r an ihrem/seinem Platz ist gefordert. Ich bewege Studierende, sich mit dem Einsatz digitaler Technologie bei Bewerbungsverfahren kritisch auseinanderzusetzen oder mit dem Vorteil emotionaler Intelligenz bei Führungskräften, weil im einen Fall das Ganze mehr ist als die Summe seiner Teile (physikalisch-mathematische Informationsverarbeitung armselig gegenüber bewusster sozialer Personenwahrnehmung) und im anderen Fall das roboterähnliche Anwenden von antrainierten Skills kalt und erfolglos im Vergleich zu Führungspersönlichkeiten ist, die sozialemotional zugewandt und bewusst handeln.

Der Mensch ist nicht mathematisch-physikalisch-chemisch zu begreifen, ist eben keine digitale Rechenaufgabe. Sonst gingen wir ja glatt als Wassereimer durch, zumal wir zu siebzig Prozent aus Wasser bestehen, bei der Geburt sogar zu 95 Prozent. Die restlichen fünf Prozent sind. knapp signifikant, wären also fast zu vernachlässigen, wenn wir in MINT-Kategorien dächten.

„Wir stehen an der Schwelle zu einer schönen neuen Welt“, schreibt Hawking (2018, S. 221) in Anspielung auf Huxleys Roman, kurz vor seinem Tod in aller Doppeldeutigkeit. Und Hawking als ALS-Betroffener (Amyotrophe Lateralsklerose) warnt selbstlos, die Gefahren nicht aus dem Blick zu verlieren (ebd., s. 220), die mit der möglichen Heilbarkeit seiner Krankheit durch DNA-Manipulation verbunden sein könnten. Und ebenso alptraumhaft diskutiert Slavoj Zizek 2020 das Fernsteuern von Säugetieren im Rahmen von Brain-Computer-Interface-Experimenten und stellt die Frage, ob „ein ferngesteuerter Mensch seine von außen gelenkten Bewegungen“ überhaupt als ferngesteuert wahrnähme (ebd., S. 131).

In Zeiten der Corona-Pandemie zeigte sich einerseits, dass Politiker*innen und Digitalist*innen hofften, Digitalisierung werde durch die Pandemie einen Schub bekommen, zum Beispiel durch praktisches Ausprobieren von Homeoffice oder durch virtuelle Lehre an Schulen und Hochschulen. Andererseits wurde in der sozial-psychologischen Landschaft deutlich, wie überfordert zum Beispiel Paare sein konnten, die sich bisher morgens aus dem Weg gegangen waren und auch ihre Kinder erst abends kurz wiedergesehen hatten, bevor sie miteinander zu Bett gegangen sind. Sie standen vor der Anforderung, sich rund um die Uhr und sieben Tage die Woche auf engem Raum ertragen zu müssen, möglicherweise noch mit Hund und Katze. Trotz aller digitalen Ablenkungswelten schlug die analoge Psyche voll durch. Der Anstieg häuslicher Gewalt, die Zunahme von Trennungen/Scheidungen und der Babyboom war nicht überraschend. Nebenbei bemerkt half Digitalisierung den hungrigen Bäuchen nicht, die bisher kostenloses Schulessen bekamen und deren Familien weder das Geld (möglicherweise Kurzarbeitergeld) noch die Fähigkeit zu gesunder Ernährung besitzen.

Kein intelligentes Wesen vernichtet sich selbst. Der Mensch aber schafft das, wenn er dumm ist. Er verbrennt die Erde, auf der er zu Hause sein will. Er sägt den Ast ab, auf dem er sitzen will. Er vergiftet die Luft, die er zum Atmen braucht.

Ergonomisch gesehen müssen die Arbeitsbedingungen dem Menschen, nicht der Mensch den Arbeitsbedingungen angepasst werden. Aber der Mensch hat etwas falsch verstanden, wenn er sich einbildet, er könnte sich über die Natur erheben und diese seinen unnatürlichen (künstlichen) Interessen untertan machen, sie ausbeuten zu seinem Nutzen. Nein, die Menschheit hat sich in ihrer Beschränktheit demütig in die Ökologie des Ganzen einzugliedern. Nur dann hat sie eine Überlebenschance.

Literaturverzeichnis

ADN-Meldung 1991 Seit dem Jahre 1945: 60 Millionen Kinder Opfer von Kriegen. Tageszeitung Neues Deutschland vom 6.2.1991.

Althusser, Louis 2019 Ideologie und ideologische Staatsapparate. Hamburg: VSA.

Baerbock, Annalena 2022 „Wird Russland ruinieren". Die Welt, 77. Jg., 25.2.22. https://www.welt.de/politik/ausland/article237145901/Ukraine-Krieg-Baerbock-bestaetigt-EU-Sanktionen-gegen-Putin-und-Lawrow.html

Barwinski, Rosmarie & Wenninger, Gerd (Hg.) 2018 Opfer-Täter-Bindung. Trauma - Zeitschrift für Psychotraumatologie und ihre Anwendungen. 16 (1). Schwerpunktheft.

Bering, Dietz 2010 Die Epoche der Intellektuellen 1898-2001. Geburt, Begriff, Grabmal. Berlin Universitiy Press (Darmstadt: WBG, Lizenzausgabe).

Bornschein, Daniela & Redlich, Alexander 2017 Die Vertrauensbrücke – Ein Instrument für die Konfliktberatung mit einzelnen Konfliktparteien. https://docplayer.org/29108026-Daniela-bornschein-alexander-redlich.html

Brecht, Bertolt 1928/1957 Die Dreigroschenoper. Berlin/DDR: Aufbau-Verlag.

Bruner, Jerome 1990/1997 Sinn, Kultur und Ich-Identität. Zur Kulturpsychologie des Sinns. Heidelberg: Carl Auer.

Bucay, Jorge 2019 Komm, ich erzähl dir eine Geschichte. Frankfurt/M.: Fischer.

Cavell, Stanley 2016/1979 Der Anspruch der Vernunft. Berlin: Suhrkamp.

Chomsky, Noam, & Waterstone, Marv 2022 Konsequenzen des Kapitalismus. Frankfurt: Westend.

Dahrendorf, Ralf 2002 Popper und die „offene Gesellschaft". Neue Zürcher Zeitung, 27.7.2002.

Datenethikkommission der Bundesregierung 2019 Gutachten der Datenethikkommission. https://datenethikkommission.de/wp-content/uploads/

Devillers, Laurence 2018 Des robots et des hommes. Paris: Plon.

Dörner, Klaus, Plog, Ursula et al 2019 Irren ist menschlich. Lehrbuch der Psychiatrie und Psychotherapie. Köln: Psychiatrie Verlag.

Europäisches Parlament 2017 Zivilrechtliche Regelungen im Bereich Robotik. Entschließung mit Anlage. https://www.europarl.europa.eu/

Flaßpöhler, Svenja 2022 Editorial. Philosophie Magazin 12, 64, S. 3.

Fried, Erich 1981 Lebensschatten. Berlin: Klaus Wagenbach.

Gilbert, Gustave M. 1995/1947 Nürnberger Tagebuch. Gespräche der Angeklagten mit dem Gerichtspsychologen. Frankfurt/M.: Fischer.

Hawking, Stephen 2018 Kurze Antworten auf große Fragen. Stuttgart: Klett-Cotta.

Hoffmann, Ernst Theodor Amadeus 1816/1820 Der Sandmann. In: ders. Der Sandmann. Ignaz Denner, 7-55. Berlin: Morawe & Scheffelt.

Huxley, Aldous 1932/1992 Schöne neue Welt. München: Piper

Kant, Immanuel 1919/1781 Kritik der reinen Vernunft. Leipzig: Meiner.

Kant, Immanuel 1788 Critik der practischen Vernunft. Riga: Hartknoch.

Klein, Naomi 2019 Warum nur ein Green New Deal unseren Planeten retten kann. Hamburg: Hoffmann und Campe.

Kloughart, Josefine 2012/2019 Einer von uns schläft. Berlin: Matthes & Seitz.

Lagaay, Alice 2022 Spurlos verschwinden. Philosophie magazin 62.

Lampe, Astrid & Gahleitner, Silke 2018 Kehren sie immer wieder zum Täter zurück? Mehrperspektivische Überlegungen zum Verständnis der Täter-Opfer-Bindung bei misshandelten Frauen. Trauma & Gewalt 12 (1), 6-12.

Lobo, Sascha 2019 Realitätsschock. Zehn Lehren aus der Gegenwart. Berlin: Kiepenheuer & Witsch.

Lorenz, Konrad 1963 Das sogenannte Böse. Wien: Borotha-Schoeler.

Lovelock, James 2018/2020 Novozän. Das kommende Zeitalter der Hyperintelligenz. München: Beck.

Lüders, Michael 2022 Der völlige Verzicht auf Erdgas und Öl aus Russland grenzt an wirtschaftlichen Selbstmord. Der Freitag, 33. Jg., 24, 16.6.22, S. 7. https://www.freitag.de/autoren/der-freitag/die-energiesanktionen-schaden-deutschland-mehr-als-russland

Macpherson, Michael 1991 „So kann man Kinder terrorisieren." Berliner Wissenschaftler untersuchten "coping"-Strategien bei Kindern und Jugendlichen. Tageszeitung taz vom 30.1.1991, S. 12.

Mahnkopf, Birgit 2020 Produktiver, grüner, friedlicher? Wie viel Glauben dürfen wir den Versprechen einer digitalen Revolution wirklich schenken? Philosophie Magazin Edition, 9(1), S. 134-145.

Marx, Karl 1845 Thesen über Feuerbach. MEW 3, 1969, S. 533-535. Berlin: Dietz.

Marx, Karl, & Engels, Friedrich 1848/1959 Manifest der Kommunistischen Partei. MEW Bd.4. Berlin: Dietz.

Maslow, Abraham Harold 1971 The farther reaches of human nature. New York: Arkana.

Mason, Paul 2022 Das radikal Böse. Blätter für deutsche und internationale Politik, 6/22, S. 41-50.

Meadows, Dennis et al. 1972 Die Grenzen des Wachstums. Stuttgart: DVA.

Meng Zi 240 v. Chr. / 1982 Die Lehrgespräche des Meisters Meng K'o. Köln: Diederichs. http://www.zeno.org/nid/2000922355X

Ministry of Foreign Affairs of the People's Republic of China 2023 Chinas Position zur politischen Lösung der Ukraine-Krise. https://www.fmprc.gov.cn/eng/zxxx_662805/202302/t20230224_11030713.html

Ministry of Foreign Affairs of the People's Republic of China 2023a Das Problem der US-Hegemonie in der Welt. https://www.philosophyforfuture.org/de/news-533/das-problem-der-us-hegemonie-in-der-welt.html

Mucha, Gerhild, Mucha, Klaus, & Krenauer, Margarete 1979 Einfluß einer aggressions-präventiven Instruktion auf das Spielverhalten zwei- bis vierjähriger Kinder. Zeitschrift für Entwicklungspsychologie und Pädagogische Psychologie XI, 2, S. 141 – 143.

Mucha, Klaus 1984 Zur psychischen Regulation sozialen Handelns. Dissertation am Fachbereich Philosophie und Sozialwissenschaften I. Freie Universität Berlin.

Mucha, Klaus 1988 Handlung, Reflexion, Persönlichkeit. In Hildebrand-Nilshon, M., & Rückriem, G. (Hg.) Kongreßbericht des 1. Internationalen Kongresses zur Tätigkeitstheorie in Berlin (West) 1986. Bd. 2: Workshopbeiträge zu ausgewählten Aspekten der Grundlagenforschung. Berlin (West): System Druck. S. 195 - 220.

Mucha, Klaus 1989 Arbeit, Bewußtsein, Identität. In Beerlage, Irmtraud, & Fehre, Eva-Maria (Hg.) 1989 Praxisforschung. Tübingen: DGVT. S.

Mucha, Klaus 1989a Sinn, Sinnverlust, Sinnfindung und -Erfüllung im Beruf. In Holodynski, M, & Jantzen, Wolfgang (Hg.) 1989 Studien zur Tätigkeitstheorie V. Bielefeld: Universitätsdruck.

Mucha, Klaus 1992 Von Kindern lernen. Selbstkritische Gedanken eines Erwachsenen nach dem Golfkrieg. Humboldt-Journal zur Friedensforschung, Heft 1, S. 75 - 78.

Mucha, Klaus 1998 Kränkung. In: Peter Heinrich & Jochen Schulz zur Wiesch (Hg.) Wörterbuch der Mikropolitik. Opladen: Leske +Budrich. S. 144 - 147.

Mucha, Klaus 2013 Tagebuch einer Reise durch das revolutionäre Portugal 1975. In Raab, Judith-Katja, Sonntag, Hans, Steil, Gerhard et al. 2013 Mit Rucksack, Floß und Wanderstab. Berlin: Dorante. S. 165-175.

Mucha, Klaus 2019 Intellektuelle sind auch (nur) Menschen. Das Sein bestimmt das Bewusstsein bestimmt die Praxis. In Bruder, Klaus-Jürgen, Bialluch, Christoph, Günther, Jürgen (Hg.) Krieg nach innen, Krieg nach außen – *und die Intellektuellen als „Stützen der Gesellschaft“*? Frankfurt/M.: Westend. S. 157-167.

Mucha, Klaus 2020 Rezension von Peichl 2015 Destruktive Paarbeziehungen. Das Trauma intimer Gewalt. Stuttgart: Klett-Cotta.

https://www.psydemy.de/destruktive-paarbeziehungen-das-trauma-intimer-gewalt-jochen-peichl-klett-cotta-rezension-2/

Mucha, Klaus 2020a Digitalisierung und gesellschaftlicher Wandel. Zu psychologischen, ethisch-philosophischen und politischen Aspekten. In: Bruder, Klaus-Jürgen, Bialluch, Christoph, & Günther, Jürgen (Hg.) 2020 „Digitalisierung" – Sirenentöne oder Schlachtruf der kannibalistischen Weltordnung. Frankfurt/M.: Westend-Verlag. S. 117-129. ISBN 978-3-86489-061-1.

Mucha, Klaus 2020b Prävention in Organisationen. Mücken wahrnehmen, bevor sie zu Elefanten werden! In Sonntag, H., Tews, H., Lasch, M. et al. 2020 Geschichte, Kultur und Philosophie. Essays und Beiträge zu Ethik, Politik, Literatur, Ökologie und Psychologie. Norderstedt: BoD. S. 214-229.

Mucha, Klaus 2020c Künstliche Intelligenz. Gesunde Innovation oder gefährliche Illusion? In: Christoph Egner und Joachim Conrad (Hrsg.), Sammelband mit Beiträgen des Symposiums »Gesundheit, Forschung und Innovationen« der DIPLOMA Hochschule in Bad Sooden-Allendorf 2019. https://www.science.de/sites/default/files/article/2020-05/Mucha-2020-Kuenstliche-Intelligenz-in-Sammelband-Symposium.pdf

Mucha, Klaus 2021 Openness between limitless Freedom and threatening excessive Demands. 32nd International Congress of Psychology „Open minds, societies & world" of the International Union of Psychological Science (IUPsyS). Prag, 2021. https://www.scribd.com/document/519078895/Mucha-2021-Openness-between-limitless-freedom-and-threatening-excessive-demands DOI: https://doi.org/10.13140/RG.2.2.11521.58724

Mucha, Klaus 2022 Gesundheitsschutz in den Betrieben. In: Das Gesundheitswesen der Deutschen Demokratischen Republik. Studies on the DDR, Heft 2, S. 35ff. Internationale Forschungsstelle DDR der Gesellschaft für Wissenschaft und Kultur Deutschlands. Berlin (Mitarbeit bei den Ausführungen zur Arbeitspsychologie) https://ifddr.org/studien/studies-on-the-ddr/gesundheit/ (auch auf Englisch, Spanisch, Portugiesisch)

Mucha, Klaus 2023 Psychologie (un)politisch? Leserbrief, Psychologie heute 5/23, S. 94.

Neiman, Susan 2004 Das Böse denken. Eine andere Geschichte der Philosophie. Frankfurt/M.: Suhrkamp.

Orwell, George 1949 Nineteen Eighty-four. New York: Harcourt, Brace & Co.

Ovid 8/1997 Metamorphosen. München: Deutscher Taschenbuchverlag.

Peichl, Jochen 2015 Destruktive Paarbeziehungen. Das Trauma intimer Gewalt. Stuttgart: Klett-Cotta.

Peuckert, Gert (o.J.) Hintergründe der SED-Politik zur Zeit der Nelken-Revolution. https://dpg.berlin/haende-weg-von-portugal/#

Popper, Karl 1945 The Open Society and Its Enemies, II. The High Tide of Prophety. London: Routledge and Kegan Paul. (Deutsche Übersetzung 1958 Die offene Gesellschaft und ihre Feinde II. Falsche Propheten. München: Francke.)

Redlich, Alexander 2016 Die Vertrauensbrücke – eine Methode für die Praxis der psychologischen Konfliktberatung. Alumni-Kolloquium Universität Hamburg. https://docplayer.org/41376989-Die-vertrauensbruecke-eine-methode-fuer-die-praxis-der-psychologischen-konfliktberatung.html

Resch-Treuwerth, Jutta 1986 Ich hab dich lieb. Berlin/DDR: Junge Welt.

Rogers, Carl R. 1961/1979 Entwicklung der Persönlichkeit. Psychotherapie aus der Sicht eines Therapeuten. Stuttgart: Klett-Cotta.

Roth, Veronica 2013 Die Bestimmung. München: Goldmann.

Sanz, Andrea & Steinhardt, Kornelia 2019 Wenn ausgesperrte Täteranteile durch die Hintertüre hereinkommen. Supervisorische Arbeit in feministischen Gewaltschutzeinrichtungen. Supervision 37 (4), 42-50.

Saunders, George 2019 Fuchs 8. München: Luchterhand.

Schatalova, Galina 1997/2009 Philosophie der Gesundheit. München: Goldmann.

Selg, Herbert (Hg.) 1973 Zur Aggression verdammt? Stuttgart: Kohlhammer.

Selg, Herbert, & Mees, Ulrich 1974 Menschliche Aggressivität. Göttingen: Hogrefe.

Seligman, Martin E. P. 2011 Flourish. A visionary new understanding of happiness and well-being. New York: Free Press.

Shelley, Mary 1818/1968 Frankenstein. London: Minster Classics.

Sloan, P. F., & McGuire, Barry 1965 Eve of destruction – Text und Song. Los Angeles: Dunhill Records.

Tingyang, Zhao 2022 Die Weltgeschichte hat noch nicht begonnen. Interview. Philosophie Magazin 12, 64, S. 57-59.

Völker, Klaus (Hg.) 1971 Künstliche Menschen. Dichtungen und Dokumente über Golems, Homunculi, Androiden und liebende Statuen. München: Hanser.

Voßkühler, Friedrich 2020 Kapitalismus, Schizophrenie, Digitalisierung. Ein Vortrag in Thesen. Abstract für und Handout auf dem Kongress „Digitalisierung – Sirenentöne oder Schlachtruf der kannibalistischen Weltordnung" der Neuen Gesellschaft für Psychologie 2020 in Berlin.

Weber-Guskar, Eva 2020 Emotionale Maschinen. Philosophie Magazin 9(1), 36-43.

Weißbach, Friedrich 2022 Der Lauf der Geschichte. Philosophie Magazin 12, 64, S. 48-53.

Welzer, Harald 2005 Täter. Wie aus ganz normalen Menschen Massenmörder werden. Frankfurt/M.: Fischer.

Welzer, Harald 2019 Wir brauchen nicht Künstliche, sondern moralische Intelligenz. FuturZwei, 3(7), S. 6-9.

Ziegler, Jean 2017 Der schmale Grat der Hoffnung. Meine gewonnenen und verlorenen Kämpfe und die, die wir gemeinsam gewinnen werden. München: Bertelsmann.

Zizek, Slavoj 2020 Singularität als Apokalypse. Philosophie Magazin Edition, 9(1), S. 128-133.

Printed by Books on Demand GmbH, Norderstedt / Germany